计算机辅助教学理论与实践研究

陆立华 著

北京工业大学出版社

图书在版编目（CIP）数据

计算机辅助教学理论与实践研究 / 陆立华著．— 北京：北京工业大学出版社，2021.4
　　ISBN 978-7-5639-7958-5

Ⅰ.①计… Ⅱ.①陆… Ⅲ.①计算机辅助教学—研究 Ⅳ.① G434

中国版本图书馆 CIP 数据核字（2021）第 081861 号

计算机辅助教学理论与实践研究
JISUANJI FUZHU JIAOXUE LILUN YU SHIJIAN YANJIU

著　　者：	陆立华
责任编辑：	吴秋明
封面设计：	知更壹点
出版发行：	北京工业大学出版社
	（北京市朝阳区平乐园 100 号　邮编：100124）
	010-67391722（传真）　bgdcbs@sina.com
经销单位：	全国各地新华书店
承印单位：	天津和萱印刷有限公司
开　　本：	710 毫米 ×1000 毫米　1/16
印　　张：	11.5
字　　数：	230 千字
版　　次：	2022 年 1 月第 1 版
印　　次：	2022 年 1 月第 1 次印刷
标准书号：	ISBN 978-7-5639-7958-5
定　　价：	68.00 元

版权所有　翻印必究

（如发现印装质量问题，请寄本社发行部调换 010-67391106）

前　言

所谓计算机辅助教学是指，利用计算机直接帮助教师或替代教师进行教学活动，指导学生接收或建构知识的活动。在具体实践中，可以仅把计算机作为教师讲解教学内容时媒体信息呈现的辅助手段，也可以用计算机课件来代替教师的讲解，由"电脑教师"承担教学任务，使学生在"电脑教师"的指导下按自身特点进行个性化学习。

随着传统教学方法弊端的逐渐显现，计算机辅助教学成为促进教学改革的途径之一。研究发现，计算机与教学的结合是当今乃至今后教学改革的一大趋势。为此，研究计算机辅助教学的理论、方法和技术，开发高质量的各种形式的课件，并将其应用于教学中，成为信息社会背景下教育工作者应努力实现的目标。

本书内容共六章，第一章为绪论，第二章为计算机辅助教学的发展，第三章为计算机辅助教学课件开发与制作，第四章为计算机辅助教学模式，第五章为基于网络的计算机辅助教学，第六章为计算机辅助英语教学。本书理论结合实践，具有较强的指导性和学术性。

本书在撰写过程中涉及的研究内容广泛，具有较强的综合性和应用性。由于笔者水平有限，加之时间仓促，书中不妥之处在所难免，敬请读者批评指正，以便今后进一步修改，使之完善。

目 录

第一章　绪论 … 1
 第一节　计算机辅助教学概述 … 1
 第二节　计算机辅助教学理论基础 … 7
 第三节　计算机辅助教学的应用 … 14

第二章　计算机辅助教学的发展 … 21
 第一节　计算机辅助教学的产生与形成 … 21
 第二节　计算机辅助教学的发展历程 … 28
 第三节　计算机辅助教学的发展现状 … 35
 第四节　计算机辅助教学的发展路径和趋势 … 42

第三章　计算机辅助教学课件开发与制作 … 49
 第一节　计算机辅助教学课件概述 … 49
 第二节　计算机辅助教学课件的理论依据和价值 … 57
 第三节　计算机辅助教学课件开发与制作的演变与困境 … 64
 第四节　计算机辅助教学课件开发与制作的问题与对策 … 75

第四章　计算机辅助教学模式 … 83
 第一节　教学模式与传统教学模式 … 83
 第二节　计算机辅助教学模式的特点、发展与类型 … 91
 第三节　计算机辅助教学模式的优势和不足 … 98

第五章　基于网络的计算机辅助教学 … 111
 第一节　网络课程概述 … 111
 第二节　基于网络的计算机辅助教学的概念、特点、形式、
     优势和不足 … 118

　　第三节　基于网络的计算机辅助教学系统设计与实现……………126

第六章　计算机辅助英语教学…………………………………………137
　　第一节　英语教学概述………………………………………………137
　　第二节　计算机辅助英语教学的演变………………………………144
　　第三节　计算机辅助英语教学的策略和模式………………………152
　　第四节　计算机辅助英语翻译教学…………………………………159
　　第五节　计算机辅助英语阅读教学…………………………………166

参考文献…………………………………………………………………175

第一章 绪论

第一节 计算机辅助教学概述

一、计算机辅助教学的概念

计算机辅助教学,顾名思义,和计算机设备及技术发展息息相关,主要是利用计算机相关技术来辅助教学活动的顺利开展,以提升教学效率。对于计算机辅助教学的概念,不同学者会存在不同的认识,但是其中的内涵是相同的。具体来说,可以从狭义和广义两个方面进行认知。

(一) 狭义的概念

从狭义角度来理解计算机辅助教学,其主要指的是在课堂教学活动中,教师通过计算机教学软件和技术来设计和展示课堂教学内容,而学生主要是通过教师课前已经准备好的教学课件内容进行知识的学习和掌握。简单来说,就是通过计算机教学技术辅助教师或者直接代替教师向学生传授课堂知识,并对学生掌握的知识和技能进行训练。同时,我们也可以认为计算机辅助教学主要是教师通过相应的教学软件将课堂教学活动中需要讲解的内容与计算机技术、软件进行有机结合,将具体内容通过编程方式输入计算机之中,如此学生便可以通过和计算机进行适当的互动和沟通来更加便捷地学习和掌握相关知识。教师通过计算机不仅丰富和创新了自己的教学方式,而且能够为学生创设出一个更加丰富、活跃的教学氛围。在这种教学模式下,教师和学生可以通过计算机互动软件进行更加便捷的交流。从上述认知当中我们可以对计算机辅助教学有这样的理解:计算机辅助教学是通过课件演示的方式开展教学活动的,但是我们还要认识到这一方式并不是计算机辅助教学的全部特征。

(二) 广义的概念

从广义角度来理解计算机辅助教学,即将其看作一种教学活动中使用的媒

体形式。这种教学媒体形式不仅能够丰富和影响传统教学活动中的途径和方法，而且可以提升教学质量和教学效果。从这一角度上来理解，教师利用计算机辅助教学能够丰富课堂教学方式，推动教学体系的完善和发展，进而使课堂教学方式向更高质量和更适用的方向发展。由此可见，计算机辅助教学能够将课堂教学过程和计算机教学技术进行有机结合，能够对教学过程进行整体优化，这也是其重要的一个界定。

（三）其他相关概念

随着计算机信息技术的不断发展和新的教育理论的不断提出，在计算机辅助教学之外又出现了一些与之相类似的新的概念和术语，具体如下。

1. 计算机辅助学习

所谓计算机辅助学习，即学习者根据自己的学习情况自主利用计算机相关技术开展学习活动。这一概念与计算机辅助教学十分类似，只不过其更加注重学习者的自主学习。

2. 计算机辅助训练

所谓计算机辅助训练，主要指的是将计算机教学技术运用到技能训练的过程之中。其主要特点是学习的目标非常明确，并且更加注重对学习者实际操作能力和突发状况应变能力的培养与训练。

3. 计算机支持的合作学习

所谓计算机支持的合作学习，主要指的是学习者合理利用计算机信息技术在学习活动中开展合作与交流。其主要的表现是，在网络环境中，学习者不受时间和空间的限制，通过计算机交互平台和软件进行小组讨论与课题研究等合作学习活动。

4. 数字化学习

数字化学习是在科学信息技术高速发展的当前社会中出现的一种全新的教育理念。数字化学习的出现不仅是对传统教育进行的一次革新，更是当前学校教育中的重要构成部分，是社会化学习和终身教育得以顺利实现的一种重要的支持手段。

从以上各个概念和术语的产生与界定来看，计算机辅助教学已经不属于传统教学过程中的辅助手段，而是一种不受时间和空间限制、不受教学方法局限的自主学习措施，更是科技发展变革中教育领域改革的重要标志和成果。

二、计算机辅助教学的方式和内容

(一)计算机辅助教学的具体方式

在我国的学校教育当中,使用最多的一种课堂教学形式应该就是教师直接对学生进行知识灌输。这种形式已经存在了很多年,虽然如今来看其中存在着十分明显的弊端和不足,但是依然有其存在的价值和值得肯定的闪光点。例如,教师在传授给学生知识的时候,二者之间的互动和交流是十分必要的,而学生之间的相互合作与交流同样不可缺少,这种人与人之间直接发生的情感交流和思维碰撞是计算机所无法替代的。因此,计算机教学技术实际上只能作为教学活动中的一个辅助手段来为师生提供服务。而且,我们还应该认识到,计算机辅助教学对于课堂教学质量的提升具有积极作用和影响,但是这并不代表计算机辅助教学的价值和作用只能在课堂教学中进行体现。众所周知,教师对学生进行知识传授的整个过程可以分为学生课前预习、教师提前备课以及课堂教学活动中讲解知识三个阶段。而在整个过程中,计算机辅助教学完全可以应用于任何一个过程之中。以教师提前备课环节为例,计算机辅助教学中存在一些专门的备课软件和系统平台,这些都可以为教师备课提供很大的便利,丰富教师的备课内容,有效提升教师备课的效率和质量,进而推动教师更加顺利地开展课堂教学活动。这实际上也是计算机辅助教学从另一方面为学生提供服务的体现,因为教师备课质量越高,课堂教学活动的效果就会越好,学生的知识掌握和能力提升才会更加顺利,所以最终获益的仍然是学生。在学生预习环节,计算机辅助教学参与其中可以将教师的一些引导和提示与计算机辅助教学相关软件进行结合来为学生提供服务,这样学生在预习环节中也能够得到教师的引导和帮助,有利于学生预习效率和质量的提升。

(二)计算机软件辅助教学

在利用计算机开展课堂教学活动的时候,一般是需要专门的教学软件来支持才能够获得令人满意的教学效果。但是一些学校受资金条件和认知水平等因素的影响,在计算机辅助课堂教学中缺少专门技术和软件支持,一些教学内容无法及时地进行优化和更新。这促使一些学校选择使用通用的计算机软件来开展计算机辅助教学活动,也取得了比较理想的效果。如很多学校都会将 Word 软件作为学生写作练习的重要辅助工具,在 Word 系统中,学生可以进行任意的文字编辑,在很大程度上提升了学生的写作效率和写作质量,使学生有更多的时间和精力投入课堂学习,聆听教师的知识讲解。此外,通过 Word 软件进

行写作，学生通常能够保持更高的专注程度，写作的时候思路也往往更加顺畅，不仅推动了学生思维能力获得提升，而且训练了学生的打字能力，有利于提高学生的综合能力，推动学生全面发展。上述这种计算机辅助教学形式在实际的学校教育中是普遍存在的。

（三）计算机和学生进行互动教学

所谓的计算机和学生进行互动教学，主要是指教师在课堂上充分利用计算机和学生之间的互动来辅助教学活动的顺利开展，其以网络技术条件作为基础，是通过相应的教学软件和系统进行辅助教学的一个过程。一方面，此种教学形式主要针对教师和学生各自差异化的需求，通过不同形式的教学软件来实现教学活动的顺利进行，能够充分体现出计算机与学生之间进行互动的优势。另一方面，此种教学形式不仅非常适合学校教育，而且适合社会中那些已经离开学校但是依然想要学习的成年人。成年人通常已经具备一定的知识选择能力和较强的自我控制能力，所以这种计算机和学生进行互动的教学形式对于他们来说有相当明显的帮助作用。此外，这种计算机和学生互动的教学形式也是教育未来发展中的一个主要方向，能够帮助人们更加便利地获取知识和信息，使人们可以更加方便地投入学习中。目前来看，这种计算机辅助教学形式想要获得长远发展仍然需要长期实践并总结经验。

总体来看，计算机辅助教学对于教学活动的顺利进行有重要影响，但是我们需要注意，其并不能代表教学的全部，计算机辅助教学只是一种教学工具，起到辅助作用，因此在教学中不能过分夸大其作用，而是应该将之放在一个适当的位置上合理对待。

三、计算机辅助教学的特点

（一）科学性强

在计算机辅助教学过程中使用到的各种形式的教学软件一般是这一学科非常优秀的教师和专门的多媒体教学课件制作者共同努力设计出来的，通常会有非常严格的评估指标，因此，能够有效避免由于教师个人能力和条件限制而导致教学效果和质量存在较大差异的情况，能够有效确保教学活动的科学性。

（二）形象生动

在计算机辅助教学活动中，教师可以充分利用计算机技术的集成优势，将教学内容以图片、视频、动画等不同的形式整合起来，通过专门的展示系统进行图文并茂的演示，可以更好地实现视听结合，给学生带来更加直接且多样的感官刺激，全方位、多角度地吸引学生的注意力，使课堂教学活动富有生机与活力，进而弥补传统课堂教学中存在的不足，激发学生的学习兴趣和求知欲望，帮助学生更加全面系统地吸收知识。与此同时，通过计算机辅助教学，教师还能够更为便捷地指导学生进行自主学习或者效果测验等活动。

（三）增加课堂信息量

通过计算机辅助教学技术，教师可以根据教学需要将一些烦琐复杂的内容制作成多媒体教学课件，如此在课堂教学中便可以直接通过屏幕展示给学生，能够很好地节省课程时间。这样一来，在同样时间的课堂教学中，教师便能够给学生讲授更多的知识，通过多媒体教学课件展示出来的知识图文并茂、清晰明了，不仅能开阔学生的视野，而且可以帮助学生更好地理解知识，在相同时间内，学生能更加轻松地进行学习并掌握更多的知识。此外，计算机技术具有处理信息速度快而准确的特点，因此教师可以充分利用计算机技术的这一优势在课堂教学中进行准确作图或计算，有利于增加课堂知识的容量。通过计算机辅助教学技术，教师还能够实时控制教学目标的完成进度，可以将一些真实事件、社会现象等再现于课堂中，让学生在真实情境中学习知识，激发其学习积极性。计算机辅助教学还能够给教师提供更多形式、更加有效的教学手段，有利于培养学生的批判思维和创新能力，从而拓展师生交流的渠道，提高课堂教学效率。

（四）交互性强

受年龄、社会阅历及认知水平等条件的影响，学生的心理活动通常非常丰富，并且时刻处于变化和成长之中。作为现代教学手段中重要的一种，计算机辅助教学主要是通过计算机和学生之间的互动开展教学活动的，因此合理使用这一手段能够使学生一直处于积极主动探究知识的状态之中，不会像传统教学中那样容易疲累，如此自然能够获得更好的教学效果。将计算机辅助教学应用于教学活动中，不仅可以给学生提供更多直接多样的感官刺激，而且能够更深层次地刺激学生的心理活动。教师在开展课堂教学的时候，可以从学生个体化差异出发，合理使用计算机辅助教学手段，灵活安排教学内容和进度。例如，通过多媒体教学课件强烈视觉刺激的特性来满足视觉型学生的学习需求，利用交互式课堂教学形式来满足外向型学生的学习需求，通过计算机辅助操作手段帮助学生在实际操作中学习和掌握知识。另外，通过计算机辅助教学技术，教

师还能够根据学生的需求选择适当的教学内容、调整教学节奏，能够充分调动学生的学习积极性，使教学活动更具针对性，进而达到因人而异、因材施教的目的。

四、计算机辅助教学对教学内容的影响

所谓教学内容，即教学活动中师生之间进行传递的教学信息，也是学生掌握知识、增加见识、发展能力的主要来源。计算机辅助教学的产生与发展使教学内容方面出现了一些明显变化。一方面，计算机辅助教学涉及的相关技术成为教学内容的组成部分，是教师和学生在现代社会中进行认识学习时必需的工具；另一方面，教学内容在计算机辅助教学的发展和创新中也得以继续发展，其外在形式和内在结构均发生了变化。

（一）教学内容外在形式的变化

在传统教学活动中，课本是教学内容的主要载体，且教学内容的描述以文字为主，辅之以图片或表格，无法将教学内容以声音、动画或视频等多种形式表现出来。之后随着科学技术的发展出现了电化教学，主要是利用录像和录音教材辅以文字教材开展教学活动，仍然无法将教学内容以多种形式进行呈现。随着网络信息技术的发展和计算机的普及，计算机辅助教学得以快速发展，在其支持下，教学内容可以通过图片、视频、动画等多种形式，以静止、动态、合成等多种状态进行展现。如此一来，在计算机辅助教学支持下知识信息能够通过多种形式表现出来，那些比较抽象和复杂的概念及原理能够以视频、动画等更加直观的方式进行呈现，对于学生更加直观地理解和接受知识有重要价值。而且计算机的存储空间大，无论是何种教学内容都能够通过最有效的形式进行表现，即使是同一内容，也可以根据场景和学生学习能力方面存在的差异而采用不同的形式进行呈现，克服了传统教学中难以协同表达的弊端。

（二）教学内容内在结构的变化

所谓教学内容的内在结构，主要是指具体学科知识结构的组织和设计。其中，知识结构指的是具体学科各种知识之间所具备的逻辑关系，也是学科之中智力因素的主要信息源。在传统教学过程中，文字和辅助资料均是以现行结构组织学科知识结构的，而且知识的结构和顺序也均是以教为主的，因此阅读内容的时候具有非常明显的顺序性。一般而言，传统课堂教学活动中学生获取知识是在教师的指导下完成的，因此学生的学习过程对教师有很强的依赖性。从这一角度上来讲，传统教学中的课本教材更多地偏向于教授，学生在利用其开

展学习活动的时候自由度和灵活性均不高，而且很难推动自己已完成的知识结构向新知识结构进行迁移。教材结构的发展方向是教学化，教学结构的组织要能满足学生的自觉学习需求。计算机辅助教学能够以一种更加接近人类认知特点的方式来组织和呈现教学内容、构建知识结构。网络化学习资源能够更好地促进学生准确地认知事物、概念及相关知识，而且有利于知识的迁移。

第二节　计算机辅助教学理论基础

一、建构主义理论与计算机辅助教学

（一）建构主义理论内涵

1. 知识观

首先，知识并不是对现实直接而纯粹的反映。事实上，无论是何种知识符号承载形式，均不是针对现实绝对真实的表征。严格来说，知识应该是人们在认识客观世界的时候对事物进行的一种解释和说明，而不是设定的问题的最终答案。因此，随着人们思维的发展和认识水平的不断提升，知识也处于不断变革和发展之中，在人们不同的认知阶段通常会出现新的知识。

其次，在对世界运行和发展的规律及法则进行概括的时候，知识并不是绝对正确的，人们也无法提供适用于所有认知活动和能够解决任何问题的方法措施。在解决实际问题的时候，知识也不是绝对准确和有效的，还需使用者针对具体问题进行具体分析，然后选择适当的知识或者对已经掌握的知识进行加工处理之后才能顺利解决问题。

最后，知识是无法以实体的形式存在于这个社会上的，虽然人们利用语言文字等赋予了知识一定的外在形式，且得到了人们的普遍认可，但是并不能够代表学习者对同种知识会存在相同的理解。因此，对知识的真正理解只能够通过学习者自己根据自己的认知水平和经验自行建构起来，取决于学习者在特定环境中具体的学习过程。脱离这一方面谈及知识理解是不客观，也是不准确的，因为那并不是理解的范畴，而应该划归为死记硬背，属于被动地进行复制的一种学习行为。

从上述内容可以发现，建构主义理论中的这种知识观和传统的课程教学理

论之间是存在很大不同的。从建构主义角度上来看，课本教材上面记录的知识只能够称为对某种现象或事物进行的比较可靠的解释和假设，而不是在认识和探索现实世界时的绝对参照。在某一个历史发展阶段出现的知识内容可能对于当时阶段是一种真理，但是并不代表其一直都会是真理。随着社会的发展和人们认识能力的提升，这一所谓的真理很可能会在未来成为悖论。更加重要的是，在个体接受知识以前，无论是何种知识，其对于个体来说都是没有实质意义的。从这一角度上来理解教学活动，教师应该注意不能把知识当作事先已经决定的事实传授给学生，也不能将自己理解和认识知识的方式强加给学生，更不能用社会性的权威强制学生。教师必须认识到，学生接受知识的过程只能够通过其自己来完成，教师要引导学生以自己的经验作为支撑来对知识的合理性进行分析与判断。此外，在学习知识的时候，学生不仅要理解新知识，而且应该对新知识进行分析、检验和批判。

2. 教学观

崇尚建构主义理论的人通常非常注重学习过程的主动性、情境性和社会性，他们也提出了很多有关学习和教学的新见解。具体而言，主要有以下几个方面。

第一，事物的意义无法完全独立于人们的意识而单独存在，其源于我们自身的意义建构。对于我们个人来说，在对某一事物进行理解的时候都是有我们自己独特的方式的。教师在教学活动中应该注意培养学生的合作意识，让学生主动发现那些与之观点不同的见解和认知。建构主义者普遍对于合作学习非常重视，这些思想和重视社会交往对儿童心理发展具有重要意义及作用的思想认识是一致的。学习者通过自己的方式在对事物的理解进行建构的时候，受自身认知条件的影响，不同的人往往会注意到事物的不同方面，通常不存在唯一的、标准化的理解。由此可见，学习者通过合作学习，能够丰富自己对事物的理解。

第二，每个学习者对于某些事物或多或少都会有一些认识，因此，教师在开展教学活动的时候，绝对不能无视学习者的这些已有的知识经验，从外部直接将所谓的知识灌输给学习者，而是应该以学习者已有的知识经验为基础，并将之当作学习者新知识的生长点来引导学习者在原有知识经验的基础上获取新知识。这一认识和最近发展区的相关理论思想是一致的。教学并不是知识的简单传授，而是对知识进行的深入处理与转换。

第三，教师并不是单纯地将知识呈现给学习者，更不是知识的权威。在开展教学活动的时候，教师应该重点关注学生自己对社会上的现象和事物的独特的理解，要善于听取学生的看法，并主动思考这些认识是如何得来的，然后以此为基础，引导学生对自己的认知进行丰富和适当调整。教学活动应该以学习者为中心，注意发挥学习者的主体作用，当然，也不能忽视教师的主导作用。在建构主义理论下，教师应该从传统教学活动中的知识权威转变为学生学习的辅导者和引导者，要成为学生学习的伙伴。也就是说，在建构主义理论下，教师扮演着学生意义建构的帮助者和引导者角色，而不是知识的灌输者；学生则成为知识信息加工的主体，主动进行意义建构，而不再是被动的知识接收者。简单来说，教师是教学活动中的引导者，学生成为教学活动中的参与主体，教师从传统教学中监控学生学习转变为帮助学生进行自主探索和合作学习，最终达到学生能够进行独立学习的目的。

（二）建构主义理论与计算机辅助教学结合应注意的问题

1. 避免相对主义

建构主义者认为真理具有相对性，强调认识过程中的主观能动性。与客观主义认知相比，这种观点虽然有所进步，但是其过于注重相对性，很容易在认识上形成相对主义，这是需要特别注意的一个方面。因此，在将建构主义理论同计算机辅助教学进行结合的时候，应该使用优质的多媒体教学课件，如此才能够更好地指导学生学习知识。在这一过程中应该注意防止学生过分发挥自己的想象力，避免主观错误的认知结构出现。

2. 正确处理学习者、指导者与计算机辅助教学之间的关系

建构主义者认为，教学活动应该在教师的指导下，以学生为中心进行。也就是说，在教学活动中不仅要充分发挥学生学习的主体作用，而且应该重视教师的引导作用。正如上面内容所提及的，教师不是知识的灌输者，而是学生意义建构的帮助者和引导者。作为知识信息加工和处理中的主体，学生才是真正的意义建构者，而不是传统教学活动中被动的知识接收者。因此，教师应该在教学活动中找准自己的定位，将自身引导作用充分发挥出来，利用计算机辅助教学来进行适当的教学情境创设，引导学生发现新旧知识之间的联系，进而帮助学生理解当前所学知识的意义。

3. 适度适量教学

在进行计算机辅助教学的时候，受计算机信息技术高便利性的影响，一节课中教师能够向学生讲授更多的知识。这个时候，教师如果不能掌握好适度原则，盲目地将教学内容进行合并，导致原理、概念等内容较多，就很容易使学

生难以接受和掌握。因此，在面对计算机辅助教学大容量和高密度等优势的时候，教师必须重视适度适量教学，必须控制好课堂教学内容的容量，以免形成现代化"灌输式"教学形式。教师应该以建构主义教学理论为依托，对学生的实际情况进行充分考虑，选择适当的教学内容，促使学生充分发挥主体作用。教师应根据课堂教学中的重点和难点内容，从不同角度与层面帮助学生深入理解知识，建构合理的知识结构，进而全方位地提升学生各方面的能力。在教学实践中，教师应该转变自己传统落后的教学理念，以先进的教学理论作为指导，适度适量地采用计算机辅助教学手段来对教材内容进行充实和挖掘，以更好地提升学生的学习能力。

作为计算机信息技术革新和发展的产物，计算机辅助教学的产生和发展是历史的必然，而且必定会对教学活动实践产生重要影响。总的来看，计算机辅助教学从根本上改变了传统教学理念和方式，推动了教学效率和教学质量的提升，使教学活动得到了巨大改变和发展。但是，我们也应该注意到，计算机辅助教学虽然具有极大的优势和作用，但是其并不能完全取代传统教学手段。如果在教学活动中过分地依赖计算机辅助教学，不仅无法收获良好的教学效果，有些时候甚至会适得其反。因此，在认识计算机辅助教学中应该将重点放在"辅助"二字上面。要注意，计算机辅助教学是在一定思想观念和理论指导下开展的，而将建构主义理论融入计算机辅助教学活动中，可以帮助教师在教学实践中不断进行总结和完善，进而充分发挥其优势和作用，更好地开展教学工作。

二、多元智能理论与计算机辅助教学

（一）多元智能理论的主要内容

1. 语文智能

所谓语文智能，主要指的是利用语言或者文字进行思维表述、与人进行正常交流活动的能力。如社会中的编辑、记者、律师等均是对语文智能要求较高的职业。对于具有较突出的语文智能的人来说，他们通常会对文字、语言等非常敏感，如语文智能较突出的学生往往会喜欢语言、历史、政治等文科类课程，在谈话的时候通常喜欢引经据典、高谈阔论，对于写作、阅读等活动有较大兴趣。

2. 逻辑数理智能

所谓逻辑数理智能，主要是指合理引用数字资源以及进行逻辑推理的能力。如社会上的财务会计、统计学者、数学家、税务人员以及计算机程序员等职业对于逻辑数理智能的要求都比较高。在学校教育活动中,对于逻辑数理智能突出的学生来说,他们往往非常喜欢与数学相关的科目,喜欢向自己提问并倾尽全力寻找答案,喜欢在对事物认知的过程中探索规律,猎奇心比较强,对于科学研究中的新发现或新事物往往极具兴趣,喜欢在与人交往和讨论的时候寻找别人的漏洞和不足,对于能够被明确分类和测量的事物更易于接受。

3. 空间智能

所谓空间智能,主要指的是能够通过自己的感官对空间要素进行感知,并将知觉到的事物表现出来的能力。具体来说,空间智能主要包括对事物的形状、色彩、空间位置等要素以及它们之间的关系所具有的敏感性,也包括将对于某一事物的感官想法具体呈现在脑海中,或者在一个空间矩阵当中快速准确找到方向和出口的能力。室内设计师、导游、摄影师等都是对空间智能要求比较高的职业。对于学生群体而言,空间智能突出的学生往往对于色彩和事物形状非常敏感,喜欢拼图、积木以及迷宫等游戏和活动,喜欢在认知事物的时候进行联想和想象,阅读的时候喜欢观看其中的插图,在数学学习中对于几何的掌握会比代数更好。

4. 肢体运作智能

所谓肢体运作智能,就是指能够充分利用自己的肢体动作和语言来表述自己的看法与观点,善于通过自己的双手来生产或者改造事物。肢体动作智能主要包括如弹性、速度、协调、平衡等身体技巧以及触觉导致的各种反应能力。在现实生活中,舞蹈家、演员、运动员等职业对于肢体运作智能的要求普遍较高。这类人往往难以忍受久坐不动,他们通常喜欢运动,如跑步、走路、跳绳等,在和别人谈话和讨论的时候喜欢加入手势语言或者其他肢体动作来强化自己的语言说服力,喜欢自己动手制作事物,如雕刻、编织等,往往比较喜欢具有一定惊险程度的活动,并且有定期进行体育锻炼的习惯。

5. 音乐智能

所谓音乐智能,即人们所具备的能够感觉、辨别和表达音乐情感的能力。音乐智能主要包括对音乐作品中的音色、音调、旋律、情感等的敏感性。歌唱家、指挥家、作曲家、乐器表演者等都需要从业人员具备较高的音乐智能。一般来说,音乐智能突出的人往往歌喉比较好,乐感比较强,能够比较容易地听出音乐的准确度,对音乐演奏的节奏非常敏感,通常在边听音乐边工作的时候效率更高,对于一首歌曲,往往只要听过几遍就可以比较准确地哼唱出来。

6. 人际智能

所谓人际智能，就是对别人的情绪、动机、意向和行为等进行感受和区分的能力。人际智能主要包括对他人面部表情、肢体动作、说话节奏等的准确辨别与认知，以及对不同人际关系的暗示进行辨析和对这些暗示进行恰当反应与回馈的能力。此种智能水平比较高的人多数喜欢参加团体性质的活动，如排球、拔河等，而不擅长个体性游戏，如乒乓球、单人游戏等。对于人际智能较高的人来说，在遇到困难的时候，他们喜欢第一时间去寻求他人的帮助，喜欢指导他人做事情。这类人在人群中往往感觉比较舒服和自由，在一个团队中，领导者和管理者的人际智能常常比较高。因此，人际智能突出的人适合于推销、公关等对组织协调和领导联系能力要求较高的工作。

7. 内省智能

所谓内省智能，主要是指对自己的能力有比较准确清楚的认知，并能够据此做出适当行为的能力。内省智能主要包括对自己有足够的了解和认识，能够有意识地、良好地把握自己的情绪、脾气、欲望等，以及自律、自知、自尊的能力。内省智能比较突出的人往往有写日记和睡前进行自我反省的习惯，喜欢从各种渠道来认识自己的优势和缺点，喜欢在安静的环境中进行思考，喜欢对自己的人生路径进行规划。这类人适合从事心理辅导工作等。

8. 自然观察者智能

所谓自然观察者智能，主要是指对自然界中的万事万物有比较浓厚的兴趣，并且具备强烈的关怀意识、敏锐的观察能力和对事物的辨别能力。对于自然观察者智能比较突出的人而言，生态保育员、生物学家、地质学家、护林员等都是比较合适的职业。

9. 存在智能

所谓存在智能，主要指的是思考和陈述生与死、生理和心理的关系，以及世界命运等倾向性的能力。如人类是如何发展而来的，在人类出现之前地球环境是什么样子的，宇宙中其他行星上是否有生命存在等。

（二）多元智能理论对计算机辅助教学软件开发的启示

1. 软件目标多元化

在多元智能理论的指导下，学校教育的宗旨主要是培养学生的多元智能全面协调发展。与之对应，在计算机辅助教学指导下开展的教学活动的目标也是明显多元化的。因此，在将多元智能理论和计算机辅助教学进行融合的时候，应该转变传统教学活动中将单纯地获取高分作为唯一目的的理念,在设计计算机辅助教学软件的时候,不仅要注重推动学生语言和逻辑数理等智能的发展,而且应该注重对学生空间智能、音乐智能、人际智能等其他多方面智能的培养与提升。在实际教学活动中,要注重发挥教学软件的辅助作用,应该认识到教学软件充当学生学习伙伴的重要价值。

2. 软件内容丰富化

要想顺利利用计算机辅助教学来培养和提升学生的多元智能全方位发展,教师就必须改善当前传统教学软件中内容单一、涵盖不全的状况,要对软件内容进行质和量双方面的丰富。在传统教学活动中,教师常常将单个的知识点作为主讲内容,导致教学内容之间缺乏联系,且结构单一,难以吸引学生的注意力,无法激发学生的学习兴趣,学生多元智能协调发展自然无法达成。鉴于此,教师必须充分利用计算机辅助教学来充实教学软件的内容。需要注意的是,这里所指的软件内容丰富化并不是单纯丰富知识点,还需要丰富知识点呈现的媒体形式。也就是说,软件不仅要利用文字展示知识,而且应该具有声音、图像、动画等多种展现形式。此外,软件内容丰富化还要求知识呈现方式多样化,即要将线性展示和随机点播进行有机结合,将自主探索和合作学习进行整合,进而在内容层面以丰富多样的材料和形式推动学生多元智能协调发展。

3. 软件开发多元化

在传统课堂教学过程中应用到的软件通常是由专门人员开发出来的,完成之后提供给教师和学生使用。虽然有些教师会自己制作一些教学软件,但是仅限于电子版的文字教材。在这种情况下,无论是专业开发人员还是教师,都很少将学生考虑进去。而多元智能理论对于学生的学习主体地位看得非常重要,注重调动学生学习的积极性和主动性,使其主动参与到教学活动的各个环节之中,以此来更加有针对性地和全面地发展他们的多元智能。如此一来,我们的软件开发人员在开发设计教学软件的时候就必须充分考虑教师和学生等各个方面的因素,要尽量使教学活动涉及的各方面都参与到软件开发过程中,实现软件开发的多元化。

4. 软件应用情景化

教育心理学家加德纳认为,智能在本质上是解决实际问题的能力。而传统的软件在应用时往往被教师生硬地搬到课堂上,仅仅作为电子黑板来使用,缺少一定的铺垫和相应的情景,很难吸引学生的注意力,无法充分发挥软件应有的作用。多元智能理论提示我们,学生的各种智能是在一定的环境中得到培养

和强化的,因此,要达到利用多媒体计算机辅助教学软件培养学生多元智能的目的,就必须在应用多媒体计算机辅助教学软件的时候创设相应的情景,在合适的氛围当中应用多媒体计算机辅助教学软件进行教学和学习。

5. 软件评价过程化

传统的评价观点只注重对结果的评价,而忽视了对教学过程的评价,以最终结果论英雄。然而,学生的成长过程实际上是一个漫长的过程,对其成长过程进行评价不但能使其反省过去,更重要的是能够激励其面向未来。因此,多元智能理论强调评价的过程化,在学生利用软件学习的过程中对其每一阶段都应有相应的评价体系,从而保证对学生一点一滴的进步进行及时评价。

第三节　计算机辅助教学的应用

一、计算机辅助教学的应用条件

在将计算机辅助教学应用于课堂教学活动的时候,我们必须遵循一些必要的条件,如软硬件条件,教师应该达到何种要求以及学生应该具备何种素质等条件,具体如下。

(一)对软硬件的要求

计算机辅助教学的实际应用必须有一定的软件和硬件条件作为支撑。对于软件方面而言,其主要涉及计算机系统软件、多媒体教学课件的制作程序、教学内容制作和呈现工具及应用,以及与教学内容相关的多种形式的教学资料等;对于硬件方面而言,其主要涉及计算机教学设备,如多媒体设备、投影设备、互联网设备、多媒体教室或者网络教室,以及其他一些非必要的设备,如打印设备、复印设备、扫描设备、录音录像设备等。此外,由于多媒体教学课件的容量一般比较大,所以如移动硬盘、闪存设备等逐渐成为计算机辅助教学中的必要硬件设备。

(二)对教师的要求

在课堂教学中计算机辅助教学的加入和实践对教师的素质和能力提出了更高的要求。在这一背景之下,教师不仅需要具有足够的学科知识、高水平的教学能力,而且需要具备一定的计算机操作和应用能力,要能够熟练地操作和应用计算机辅助教学技术和相应的教学设备，在教学活动中软件和硬件出现一般问题的时候要能够自主进行处理和解决，还需要具备比较专业的信息检索、加工、处理和整合的能力，并且要能够将之制作成优秀的多媒体课件，进而将更多的教学内容以学生更加易于接受和理解的形式呈现出来。此外，教师还需要具备评价计算机辅助教学和多媒体教学课件的相关能力。由此看来，在计算机辅助教学活动的开展和进行中教师是发挥着十分重要的作用的，因为，教师不仅需要进行复杂的多媒体教学课件的制作与设计，而且是主要使用课件的人员。虽然有一些教学课件可以让其他人进行制作，或者直接下载网络上现成的教学课件，但是其毕竟不是针对自己学生特点和教学重点制作出来的，因此很难真正符合教师的实际需求。即使这些课件能够满足课堂教学活动的需要，由于教师对课件内容不够熟悉，在具体使用的时候也比较容易出现问题，需要教师花费时间进行处理和解决。由此可见，教师计算机操作能力的强弱以及教师制作多媒体教学课件的能力水平的高低都会对计算机辅助教学开展的顺利与否产生重要影响。

（三）对学生的要求

计算机辅助教学运用于实际课堂教学活动中也对学生提出了更高的要求。具体而言，在计算机辅助教学活动开展过程中常常是需要学生和计算机技术进行必要互动的，尤其是在网络教室进行计算机辅助教学的时候，更是需要学生自己充分利用计算机进行自主探索性学习，这就要求学生具备基本的计算机操作能力，具备基本的信息检索和整合的能力。

二、计算机辅助教学的应用原则

随着时代的发展和科学信息技术的不断进步，计算机辅助教学在实际教学活动中的应用越来越广泛，地位越来越高，发挥的作用越来越显著。但是从实际情况来看，其应用效果和人们的期望与设想仍然存在着比较大的差距。有学者对此进行了相关研究，研究结果表明，当前计算机辅助教学在学校教育中虽然已经得到普及，但是其优势和潜力并未真正充分体现出来。鉴于此，在以后利用计算机辅助教学开展课堂教学活动的时候必须对其有足够而理性的认识，要注意遵循一定的原则。

（一）重视情感交流的原则

从当前的教学现状来看，在计算机辅助教学活动中使用最频繁的就是多媒体教学软件，在这一过程中，虽然课件与课件之间存在着一定的交互性，但是在一定程度上它们也是按照一个比较固定的教学模式来开展教学活动的。例如，有些教师在整个课堂教学活动中将所有知识全部用教学课件进行展示，导致计算机辅助教学直接取代了教师的主导地位，使学生整节课只能面对多媒体教学课件，无法和教师进行情感交流和语言沟通，如此不仅不利于学生情感的表达，而且对于学生的思维发展也非常不利。在课堂教学中，教师必须对教学过程有足够的认识。受教师、学生、教学条件和教学时间等诸多因素的影响，教学过程是非常复杂而且细致的一个环节，是学生认识事物和建构知识体系的主要过程，更是教师和学生之间进行情感交流和相互认识与了解的重要过程。在教学过程中，学生是学习活动的主体，而计算机辅助教学仅仅是一种教学手段而已，是没有生命和情感的，因此其无法和学生进行情感上的交流。教师与计算机不同，教师可以针对教学的进度和课堂教学中学生的学习情况，随时与学生进行沟通和互动。由此来看，在计算机辅助教学活动中，切忌使计算机辅助教学取代教师的主导地位。在课堂教学活动中，教师必须和学生进行交流与互动，如此才能够充分激发学生的学习积极性，使学生能够在认知和情感上面获得统一，进而推动计算机辅助教学的作用在课堂活动中充分发挥出来，推动学生思维能力与学习能力共同发展。

（二）教学手段为教学内容服务的原则

一般而言，所有的形式都是为内容提供服务的，而计算机辅助教学作为一种重要的教学手段和形式，其理所当然地也是为教学内容进行服务的。需要注意的是，计算机辅助教学的应用是受到信息技术发展水平影响的，而且并不是所有学科都适合应用计算机辅助教学。因此，在应用计算机辅助教学的时候，教师必须对其进行充分考量。例如，教师在数学教学活动中向学生讲授一些较为复杂的图形的时候，便可以充分利用计算机辅助教学技术来对图形进行分解和结构剖析，帮助学生更加直观地了解相关知识。而对于一些不适合应用计算机辅助教学的知识，如果生硬地应用计算机辅助教学技术，往往会获得相反效果，非但不能获得满意的教学效果，而且会影响学生对于知识的认知。因此，教师在开展教学活动的时候，必须以教学内容为依托选择适当的教学手段，并且要注意把握计算机辅助教学应用的时机，切忌整节课堂教学活动从头至尾全部利用计算机辅助教学。

（三）计算机辅助教学技术与学科特点相结合的原则

在学校教育中，各个学科的特点和科学性都是具有很大不同的，如果教师在利用计算机辅助教学开展相关教学活动的时候不能引导学生对学科内容进行主动思考，而只是单纯地将教材上的内容生硬地搬到课件上面进行"照屏宣科"，则计算机辅助教学的重要意义也就无法顺利表现出来。从这一方面来看，教师在开展课堂教学活动的时候必须将计算机辅助教学技术和具体学科的特点进行有机结合。事实上，随着新课程改革的不断深入发展，人们传统的教学理念已经发生了一定的转变，现代化的教学理念和实践经验对于计算机辅助教学在课堂活动中发挥作用和价值有重要的推动意义。对于计算机辅助教学而言，将之应用到课堂活动中可以促使学生对教学内容进行更加积极主动的思考，引导学生自主探索和发现知识。此外，计算机辅助教学技术还可以将班级交流、小组合作、个别化教学等多种形式进行有机结合。由此可见，计算机辅助教学和传统教学活动之间的差异性是非常明显的，因此，教师必须针对学科特征和实际情况选择最适当的计算机辅助教学技术，如此才能够将计算机辅助教学的优势和价值最大限度地发挥出来。

（四）计算机辅助教学手段与传统教学手段相结合的原则

在计算机辅助教学活动中，教师如果太过依赖计算机辅助教学手段，而忽视传统教学手段的重要作用，通常也无法获得令人满意的教学效果。虽然在如今这个信息化时代中的教学活动需要计算机参与其中，但是我们也应该认识到计算机并不是万能的，在一些方面，传统教学手段是具有更大优势的。因此，对于计算机辅助教学手段和传统教学手段，我们需要有正确的认识，二者并不是完全对立的，而是相辅相成、优势互补的。一节课堂教学活动仅仅依靠计算机辅助教学手段进行知识展示是不够的，必要的板书也是不可缺少的。究其原因，不同教学手段有不同特点，作用和价值方面也存在不同。因此，教师在选用教学手段的时候要注意将计算机辅助教学手段和传统教学手段进行有效整合、合理应用，进而将其效果充分发挥出来，推动提升课堂教学效率。

（五）体现学生的主体性，注重培养学生创新意识的原则

作为一种现代化的、较为先进的教学手段，计算辅助教学手段在教学活动中只是起到辅助的作用，而不是教学活动的主宰。如果教师在教学活动中太过依赖计算机辅助教学技术，往往会使教学活动得到反效果，学生只能单纯地用

眼睛看屏幕，用耳朵听声音，而无法进行实际操作，也没有获得动脑进行深入思考的能力，如此一来，便和传统教学模式中的"灌输式"教学没有本质区别了，而学生创新能力和思维发展更是无从谈起。因此，教师在应用计算机辅助教学的时候，应该将教学内容中出现的具体事物、现象等展现出来，以此为条件给学生创设适当的问题探索情境，让学生通过自主探究或者合作探索方式来发现其中存在的问题，以此来培养学生的观察发现能力、探究联想能力和知识归纳能力。与此同时，教师还应该引导学生将具体情境和自己已经建构完成的知识体系进行联系，使其对事物的感性认识转变为理性思维。学生便可以将自己本来知识体系中错误的地方找出来并进行有效更正，更进一步地调整和扩充自己的知识结构，进而在计算机辅助教学活动中充分发挥自己的主体作用。

（六）教学媒体与所呈现内容相协调的原则

计算机辅助教学应用于实际教学活动中，在将教学信息和内容传授给学生、与学生进行交流互动和接受学生的反馈时均离不开现代化教学媒体和设备的支持。在选择适当的教学媒体的时候，教师要注意其中的现代化教学手段需对教材中的相应内容进行真实模拟，或者可以对内容进行放大、缩小等操作，要能够将教材中抽象复杂的知识以直观形象的形式呈现出来，并且能够将恰当的声音、颜色、文字等搭配其中，使教学媒体能够给予学生全方位的感官刺激，激发学生的学习兴趣，进而帮助学生将感性认识转变为理性知识，提升教学效果和效率。除此以外，教师在选择和使用教学媒体，使其充分发挥价值和作用的同时，还应该注意其弊端，以免影响教学质量的提升。因此，教师必须对自己使用的教学媒体的各种性能有充分而准确的认识，了解其适合在教学活动中解决什么样的问题以及能够解决到何种程度等。这样教师才能够更加顺畅地利用计算机辅助教学，使教学媒体和教学活动相得益彰。在选择教学媒体的时候，教师还应该注意把握适度原则，不要在教学课件当中加入过多五彩缤纷的画面和各种各样的声音等，以免分散学生的注意力，影响教学质量。与此同时，教师要具备足够的教学媒体操作技能。在实际的计算机辅助教学中，经常出现学生注意力无法集中的情况，其中一个重要因素就是有些教师的计算机操作技术不够熟练，导致课堂教学活动中出现操作失误，或者教学课件无法吸引学生的注意力，进而影响最终的教学效果。

三、计算机辅助教学应用中的新问题

和传统教学模式相比，计算机辅助教学拥有更多、更为明显的优势，因此在现代教学活动中深受教师和学生青睐，被广泛应用于课堂教学活动中。但是，从计算机辅助教学应用的具体情形来看，其中也出现了一些新的教学问题。具体而言，主要涉及以下几个方面。

第一，计算机辅助教学在向学生呈现知识的时候是通过幻灯片等教学课件进行的，将教材中的文字知识进行具体形象化、动态化。这种手段虽然在最初的时候能够帮助学生强化对知识的印象和吸引学生的注意力，但是时间一长，学生再次面对幻灯片的时候就容易走神，注意力容易分散，进而对学习效果产生不利影响。

第二，计算机辅助教学所具有的良好的交互性是其突出特点和优势之一。在交互性的影响和引导下，教学活动更加突出人性化，打破了传统教学中的教师传输的局面，转为教师引导学生对问题和知识进行主动思考，并提出问题，教师负责辅助学生探索和为学生答疑解惑。如此一来，学生便能够在教学活动中及时发现自己的问题和知识难点，教师也可以在适当的时间为学生进行解答。但是需要注意的是，如果师生之间这种交互过于频繁，不仅不利于学生的自主探究和深入思考，而且会严重影响教师的教学进程，干扰正常的教学节奏，使教学活动无法连贯进行。

第三，在将计算机技术应用于教学活动中的时候，一般离不开计算机辅助教学软件的支持。通过这种教学软件，教师可以将自己的相关操作实时传送至学生的计算机上面，而学生便可以直接观看整个操作过程以及其中的所有细节步骤。但是，这种软件的应用要求局域网有较高的稳定性，而且教师要在知识讲解和实际操作过程中把握好时间，使学生在学习知识之后能够立刻进行实践，从而更好地掌握知识。这样才能够真正使教学效果得以提升，顺利完成教学目标。

四、计算机辅助教学应用的正确途径

从上述内容来看，将计算机辅助教学应用于实际课堂教学活动中既有积极的一面，也有消极的一面，怎么样合理应用这一教学手段，成为教师当前亟待解决的一个难题。鉴于此，笔者认为，在计算机辅助教学过程中，应该对其进行正确认知，充分发挥其优势，避免其缺陷，进而使计算机辅助教学的价值和功能得以真正体现。

（一）教师主动学习

在应用计算机辅助教学手段的时候，教师应该主动学习其带来的新的教学方法和教学理念，还要关注其最新的发展态势。近些年，随着计算机辅助教学手段的应用越来越广泛，很多教师和学生都已经习惯利用计算机辅助教学手段进行课堂活动，而且从中收获良多。通过将计算机辅助教学技术介入课堂活动，学习活动的过程成为学生主动建构知识体系的过程。在学习过程中，学生可以直接和学习资源及其他学习者展开合作与交流。由此可见，计算机辅助教学并不是简单地将相关技术或者课件直接用于课堂教学的知识展示，教师还应该注意学习新的教学理念，转变传统的教学观念，掌握形式多样的计算机操作技术，进而充分发挥计算机辅助教学的重要作用。

（二）计算机辅助教学课件要突出重点

制作计算机辅助教学课件时，首先，教师要对教学内容和主要知识点有全面的理解，对计算机辅助教学技术要熟练掌握和运用。其次，在每次教学开始之前，教师要对当次教学任务有正确的定位和分析，针对不同的学员，将课件的应用方式进行适当调整。课件的重点是要突出知识点，并利用计算机技术将知识点的前因后果呈现出来。所以，在制作课件时，没有特别意义的图片、视频、动画尽量不要使用，必须要有呈现知识点形成过程的关键图片和动画。

（三）计算机辅助教学软件的交互性功能要使用得当

计算机辅助教学软件的交互性功能使用需要教师熟悉教学软件的各项功能，并能熟练地运用其功能。同时，教师还要全面掌控教学时间和教学进度，对教学内容的重难点要烂熟于胸。教师正确运用计算机辅助教学软件要做到根据教学内容和教学进度来控制交互的频繁度，将大大提高交互性的实效性，能事半功倍地提高教学效果和课堂质量。

第二章 计算机辅助教学的发展

第一节 计算机辅助教学的产生与形成

一、计算机辅助教学产生的基础

在20世纪后半期的教育发展进程中,计算机辅助教学技术的应用应该是教育领域的重大成就之一。实际上,在计算机刚刚出现在这个世界上的时候,就已经有人想要将之应用到教育活动中。在20世纪50年代末60年代初的时候,美国已经着手开始此方面的研究和探索。时至今日,经过短短几十年的发展,计算机辅助教学便实现了突飞猛进。今天,计算机辅助教学已然成为处于不断发展中的一个新兴的研究领域,并且产生了独特的理念、方法、技术、成就等。总的来说,计算机辅助教学的产生和发展是依托于以下几项基础条件得以实现的。

(一)物质基础——计算机的诞生和发展

计算机的诞生和不断发展推动着人们进入了真正意义上的信息时代。在计算机的不断发展过程中,其被广泛应用于社会生活和工作的各个领域,人们的日常生活和工作已经无法离开计算机。至今计算机已经成为推动整个社会向前发展不可或缺的重要动力,将其广泛应用于教学领域,可为教育改革和发展提供全新的路径与技术方法,如果对其进行合理应用,在提升教学质量和效果、扩展教学范围和领域以及帮助教师专业发展等方面都具有十分重要的积极影响。因此,作为重要的信息处理工具的计算机,是计算机辅助教学的产生和后续快速发展不可或缺的重要物质基础。

(二)社会基础——信息社会对教育的要求

计算机的产生和发展使我们的生活与以前相比发生了翻天覆地的变化,推动着我们进入了信息时代。在这个新的社会环境中,"知识爆炸"已经成为一

个极具代表性的特征。此外，信息时代的知识更新速度也越来越快、职业更替也越来越频繁，种种变化都对社会生活中的各个方面提出了全新的、更高的要求，尤其是在教育教学方面，迫切需要进行转变和革新。在这一背景之下，传统的教学手段和方法已经很难满足当前信息社会发展的需要，计算机技术融入教学活动成为信息社会中必须完成的任务。通过将计算机技术融入教学活动，可以更加方便和高效地解决教学过程中存在的问题。这是社会发展的一种必然趋势，因此我们说信息社会对教育的要求是计算机辅助教学产生和发展的社会基础。具体而言，其包括以下几个方面。

1. 教育教学观的转变

随着人们迈入现代信息化社会，信息技术的广泛应用和互联网技术的不断发展越来越成为当今社会的一个显著特征，而知识成为社会劳动中最重要的一种生产要素，不断通过思维和习惯的变化来适应社会发展的需要成为这个时代具有代表性的生命线，合作互动成为在信息时代保证生存和获得发展的重要方式。与此同时，人们的教育教学观念也随着人们的认识水平和信息技术的不断发展在不断地发生变化。从当前人们的认知来看，信息时代的发展明确了个人发展和社会发展相互统一的教育价值观念，重视通过个人的发展来推动整个社会的向前发展，改变了传统教学活动中片面强调教育推动社会发展的价值取向。

此外，在促进人们不断进步和发展的同时，信息时代还要求人们树立全民发展和个人发展相协调，推动人们持续、全面发展的教学理念。从这一方面进行理解，未来信息时代的教育教学活动必须向民主化、终身化、多样化、个性化和国际化等方向发展。所谓民主化，主要强调使社会上每个公民都能够获得相同的接受教育的机会；所谓终身化，主要指的是使教育教学活动充分融入人们的生活工作之中，使人们获得接受终身教育的机会，而且对于学习者的学习能力也要非常重视，如此才能够更好地满足人们终身学习和接受教育的需求；所谓多样化，主要指的是为社会民众提供接受教育的多样化条件和多种途径；所谓个性化，主要是指针对不同认识水平和不同学习能力的学习者创设出差异化的学习条件，进而使社会上的每个人都能够在自己原有水平之上获得进步和发展；所谓国际化，主要指的是在全球化交流和互动日益频繁的背景下，采取适当手段拓展教育空间，使本土化教育和全球化教育进行有机融合，使人们接受更加广泛的教育。上述种种教育教学观念的实现和发展，都是和计算机辅助教学息息相关的。

2. 人才观的转变

判断一个人是否成才，并不是单纯依靠学习成绩，而是应该通过多元化和个性化的标准进行合理评判。我们从这个角度进行人才观理解可以发现，社会上每个人都可以成才，每个人都能够走向成功。对于学生群体而言，其个体差异性是比较明显的，学生的性格不同、家庭条件不一样等导致每个学生都有不同发展程度的多样化智能，而众多智能类别当中必然会有一种或者多种的优势智能。基于学生的此种现状，教师在开展教学活动的时候必须认识到，每个学生都是拥有独立人格和特征的个体，因此必须采取适当手段为学生优势发展创造条件，使学生的学习主体性能够得到最大限度的发挥，使所有学生都能够在原来基础之上获得一定程度的发展。

信息时代的到来和发展对人才的素质结构和思维观念等都提出了更新的、更高的要求，具体体现在和计算机辅助教学相关的知识、能力、情感及态度等诸多方面。因此，在这个信息时代中，不论是教师还是学生，都应该掌握一定的计算机技术和网络操作技术，如要能够熟练使用基本的自动化办公技术、掌握一定的信息检索技术和多媒体课件制作技术等。此外，教师和学生还应该具备3T素养，即技术运用（Technology）、团队协作（Teaming）、迁移能力（Transference）。

3. 教育质量评价观的转变

随着人们认识水平的不断发展，世界各国的教育质量评价观发生了一定的变化，在一定程度上推动了计算机辅助教学的进步和发展。从当前的教育质量评价观来看，其主要包含以下特点。

第一，更加重视人们的素质发展，淡化了狭隘的甄选标准，使评价功能与以往相比发生了较为明显的转变。

第二，更加注重对被评价对象的综合评价，更加注重人们个体之间的差异化评价，使评价指标更加多元化。

第三，对于质性评价的强调程度加深，使定性评价和定量评价得以有机结合，评价方法越来越多样化。

第四，注重评价过程中所有成员的参与和互动，将自我评价和他人评价进行结合，使评价主体更加多元化。

第五，评价更加注重过程中的评价，注重将终结性评价和形成性评价进行有机结合，评价重心和传统评价活动对比实现了转移。

4. 学习方式的转变

身处信息时代，传统的学习方式已经无法满足人们发展的需要，因此必须探索新的学习方式。从当前的教育教学活动和人们的发展需求来看，创新性学习、自主探索学习、个性化学习、合作学习以及基于技术的学习方式等更为适用。计算机技术不断进步和更新要求学习者必须掌握一定的计算机技术，能够在计算机平台上面进行自己所需的教学资源检索，并以此为依托进行自主探究学习和个性化学习，使"学会"和"会学"得以共同发展，推动学习者自身发展。

在信息时代进行的学习活动要求学习者能够在相关信息技术的支持下更高效率地进行学习，更好地发展自己所需的相关技能。例如，学生应该掌握一定的数据建构和分析技术，通过建构数据库、数据可视化分析、知识信息阐释等手段来更加深入和清楚地理解复杂数据之间的相互关系，进而更好地进行决策和发展；应该能够通过知识结构构建和知识管理，将自己掌握的知识和经验转化成个体发展和职业发展的有效手段，并且应该培养自己终身学习的观念和习惯；应该能够通过信息可视化处理，将静态的和复杂的信息数据转变为动态的和清楚的信息数据；应该能够通过表述和呈现能力的锻炼，掌握有效传播信息的技巧；应该能够通过与其他人进行通力合作，扩展和强化自己的人际关系，增强自己进行项目管理的技能；应该能够通过虚拟合作，提升自己在一定时间之内和合作者远程协作的能力。

（三）心理学基础——程序教学理论

在计算机辅助教学产生和发展的心理学层面，以美国心理学家斯金纳为代表的行为主义学习理论对其有比较直接的作用和影响。在程序教学理论的指导下，教师通过计算机技术进行程序教学，往往能够获得出乎意料的良好效果，其直接推动计算机辅助教学成为课堂教学中的重要工具。在这些理论基础的支持下，基于框架的、小步骤的分支式程序教学自产生之日起至今的多年之间始终是计算机辅助教学中课件设计和制作的主要开发模式。而随着时代的变化和发展，新的教学理论不断出现，也推动着计算机辅助教学逐渐成为一门具有交叉性质的新兴学科。基于这种现状，计算机辅助教学得以在心理学相关理论基础的支持下迅速产生并获得进步和发展，这是符合历史潮流和时代需求的。在计算机辅助教学的形成和发展过程中，除了心理学理论对其有直接影响之外，其他如信息论、控制论等诸多理论基础在计算机辅助教学的形成和发展过程中也不同程度地发挥着作用。

二、计算机辅助教学兴起的阶段

计算机技术的不断发展和诸多学习理论的不断出现与更新是推动计算机辅助教学形成的两个最直接的因素。具体来看，从 1958 年至 1975 年正是计算机辅助教学的萌芽时期，是计算机辅助教学相关理论和技术发展的初级阶段。

首先，在这一历史阶段，计算机技术经历了电子管计算机、晶体管计算机以及集成电路等发展阶段。在国外，一些大学和相应的计算机公司都在计算机辅助教学的兴起和发展过程中进行了比较有益的探索，也开发和设计出了一些比较具有代表性的系统。在这一过程中，计算机操作系统得到了更进一步的发展和完善，高级语言数量越来越多，如并行处理、多处理机、虚拟存储系统以及面向用户的应用软件等程序在这一阶段都得以出现并发挥作用。计算机的运行速度在此时也得到提升，每秒运行可以达到几十万次到几百万次，其可靠性和存储容量也得到进一步提升。此外，在这一阶段中计算机和通信之间的结合越来越紧密，其外部连接设备种类也变得更多，且计算机被广泛应用于科学计算、工业控制、数据处理等多个领域当中，为复杂的教育信息处理奠定了重要的技术基础。

在美国，对计算机辅助教学进行研究最早的公司是美国国际商业机器公司（IBM），而且早在 1958 年就成功研制出了世界上第一套计算机辅助教学系统。这一系统主要将一台 IBM 650 计算机和一台电传打字机连接到一起。这一系统能够进行二进制教学，也能够根据学生的具体学习需求布置相应的练习题。这一系统可以说是计算机辅助教学的一个重要开端。随后，在计算机辅助教学兴起中的一个巨大成果——"PLATO" 得以出现，这是伊利诺斯大学中一些专业人员共同努力开发出来的成果，更是世界上第一套计算机辅助教学系统的最早版本，其主要特点和优势即带有和大型计算机进行有效连接的触摸感应屏幕。作为世界上的第一台多终端计算机辅助教学系统，利用 PLATO 开展教学活动主要是针对计算机提出来的问题进行回答。在回答问题的过程中，学生只需要触摸屏幕的适宜区域，或者按一下键盘上相应的按键即可完成相关操作。

其次，从学习理论的不断发展情况来看，从 1958 年到 1975 年这一阶段是学习理论深入发展的初期，在这一时期，行为主义学习理论占据主导地位，学习被认为是明显的行为改变结果，被认为可以通过选择性的强化而形成。

从计算机辅助教学的兴起和形成来看，行为主义学习理论在其中发挥了不可忽视的重要作用。从行为主义学习理论的自身特征和内涵来看，其最重要的优势即能够更加清楚地解释学生对于常规学习技能的获取，但是不足之处也是

比较明显的，即无法对知识的理解进行合理解释，也无法具有说服性地对学生高级思维的获取进行解释。由于计算机辅助教学在早期都是从程序教学发展起来的，因此在计算机辅助教学发展的初级阶段，其遵循的理论基础自然而然地会被打上行为主义学习理论的烙印。总的来看，计算机辅助教学虽然是在计算机技术的产生和发展以及教育教学技术和相关理论的产生与发展的基础上形成并获得发展的，但是以此理论基础来制作和开发计算机辅助教学课件往往会忽视人们认知活动中主观能动性的充分发挥。因此，从这一方面进行理解，单纯依赖于行为主义学习理论进行教学课件设计和计算机辅助教学手段选择是具有很明显的局限性的。

这个时期使用的计算机技术主要是大型计算机和小型计算机。由于当时的计算机非常昂贵，学习理论的发展也处于萌芽阶段，这一时期的计算机辅助教学并没有全面普及。

三、计算机辅助教学形成的阶段

从计算机辅助教学产生和发展的历程来看，从1976年至1990年这一阶段，我们可以称之为计算机辅助教学形成的阶段。在中小学计算机辅助教学的发展和变革之中，值得一提的是美国科学家斯科特开发设计的计算机辅助数学系统，这一系统在当时几乎将中学阶段涉及的全部数学教育方面的内容包含在内。与此同时，该系统还面向教师和学生提供了专门的试题资源库。受其教学内容全面丰富、教学界面友好清楚以及软件操作规则简单方便等优势影响，20世纪70年代中期便被广泛应用于八年级以及八年级以上各年级的数学教学活动中。虽然这一系统最早只是在美国被广泛应用，但是从20世纪80年代初期开始，便被引入更多的国家中学教育中。除此以外，美国的很多中小学也根据自身的实际情况，有各科教师自己制作和开发的很多比较优秀的计算机辅助教学软件应用于实际教学活动中，取得了比较良好的教学效果。由于这些计算机辅助教学软件并不是由专门的软件开发人员制作的，因此其通用性和扩展性都比较欠缺，这一时期真正具有推广价值和能够被广泛应用的计算机辅助教学软件实际上并不多。在20世纪80年代之后，微型计算机得到更加广泛的普及，一场推广使用计算机技术进行教学活动的浪潮在美国各个高等院校中被掀起，其中占据主导地位的就是计算机辅助教学，而且这一时期的教学形式更加多样。

首先，这一时期的计算机辅助教学能够帮助学生更加便捷地学习和掌握事实、规律及原理等，是学生学习语言规则、课程原则等的理想手段，和传统教学手段相比具有十分明显的优势。其次，高等院校的教师开始通过计算机相关技术来提升和发展学生的思维能力。在教学活动中，教师让计算机充当苏格拉底式的角色和学生进行对话，在这种对话之中不间断地向学生提出新问题，并且基本上不会向学生提供任何所谓的标准答案，以此来提升学生的思维能力，促使学生完善自己的思维方法。这一时期还存在另外一种帮助学生提升思维和推理能力的计算机程序——"专家系统"，而且已经被广泛应用于医学院的教学活动之中。在这种计算机辅助教学模式下，学生不仅能够直接观察到计算机解决疑难病症的步骤和手段，而且可以在计算机的诊断过程中随时打断并提出自己的问题，或者让计算机对其诊断步骤和结论进行必要的解释说明。如此一来，学生不仅可以获得极具经验的"优秀医师"的针对性指导，而且能够在这一过程中深入研讨教学中所涉及的各种问题。

此外，美国高等院校在教学活动中还注意充分发挥计算机所具备的重要模拟功能。在一些医学院校的教学活动中，教师可以通过计算机对真实病人进行模拟，学生可以对其进行提问，进而从中获取疾病诊断的相关数据和重要信息。通过计算机技术，教师还可以对那些现实生活中非常危险、非常遥远或者依靠人类自己还没有办法直接接触的环境和事物等进行模拟和演示。例如，教师通过计算机相关技术来展示地球围绕太阳运行的轨迹，进而掌握和学习引力运行轨迹的重要作用等。

这一时期计算机辅助教学在计算机技术和学习理论方面的发展有如下特点。

（一）计算机的发展期

这一时期发展了数据库管理系统和通信软件等。软件概念由过程式软件发展到模块式软件，又发展到对象式软件；由封装分布式对象发展到客户/服务器处理、消息协议。计算机的发展进入了以计算机网络为特征的时代。计算机的运行速度可达到每秒上千万次到上万亿次，计算机的存储容量和可靠性又有了很大提高，功能更加完备。在这个时期，计算机的类型除小型、中型、大型机外，开始向巨型机和微型机两个方向发展。计算机开始进入办公室、学校和家庭。

（二）学习理论的发展期

在这一时期，计算机辅助教学运用的理论也有进步和提高，认知学习理论在与行为主义学习理论的论战中获得越来越多的学者认同，成为指导计算机辅助教学发展的重要理论基础，为开发高质量的计算机辅助教学软件奠定了理论基础。

从认知理论上来看，教学不是知识的"传递"，而是学生积极主动的"获得"。教师要为学生创造良好的学习条件和环境，激发学生的学习动机，提供合理的学习策略，从而促进学生更好地进行学习。教师不再是知识的传递者，而是学习的促进者。认知学习理论的拥护者用这种理论指导计算机辅助教学设计，反对将学生完全置于计算机控制之下的程序教学法，鼓励采用能使学生始终处于主动地位的各种方法。认知论者特别欣赏计算机模型，认为它非常有利于培养学生解决问题的能力，学生可以通过模拟计算机辅助教学提供的信息在大脑中建立处理方式，还可以通过模拟程序获得处理方式的思维过程。

计算机辅助教学在高等教育中的运用，促进了教育思想和方法的现代化，适应了高等教育的个性化特点。

第二节 计算机辅助教学的发展历程

一、国外计算机辅助教学的发展历程

（一）计算机辅助教学的普及

20世纪90年代之后，计算机技术得到更加快速的发展，推动着人类进入网络信息处理时代。计算机辅助教学得以真正发展和普及。

第一，网络信息处理时代的一个最主要的特征就是互联网技术的发展和广泛使用，推动世界范围内的信息资源共享成为可能。Java语言等新工具的出现，使迅速写入和将多媒体数据在本机进行再现成为现实。网络电话、无线网际网络协议和信息家庭等互联网技术的出现和发展，使数据网、电视电话网、无线通信网等各种形式的网络有机结合到了一起，拓宽了人们的信息传递、信息整合与处理、信息利用的方式和路径，将人们和世界更加紧密地结合到了一起，推动社会开始真正迈入信息化时代。在这一时期，计算机辅助教学系统能够对各种形式的多媒体信息资源进行实时和高效采集，并且能够进行多种形式的加工整合、处理与传播，使教学信息和教学设备之间实现了资源共享和统一管理。通过互联网，人们可以自主选择自己心仪的学校，并且能够根据自己的爱好、特长和需求选择合适的课程，从相关的系统或者平台之中获取教学内容。在这一过程中，学生不仅可以通过学习平台进行自主探索式学习，而且可以将自己选择的课程资源推送给教师、其他同学或者家长，通过与多方合作实现高效学

习，进而为自己的终身学习奠定良好的基础。

第二，从学习理论的发展情况来看，这一时期的学习理论处于成熟发展时期。在这一阶段，学习理论与以往相比又有了新的突破，建构主义被提出并获得了广泛认可，在教育活动中得到了广泛应用。从建构主义学习理论的内涵和特征等多个方面来看，其应该是认知主义进一步发展而来的成果。例如，建构主义学习理论在理解"学习"这一名词的内涵时，主要是将其看作学习者通过自己的努力主动建构内心表征的过程，其中不仅包含了结构性的知识，而且含有很多非结构性的经验背景。学习者在自主建构知识体系的过程中，不仅是对建构起来的全新的知识意义，而且是对本来已经掌握的经验进行的一次改造和重组。提倡建构主义学习理论的人认为，教学活动应该以学生为中心，要在课堂教学活动中为学生发挥主观能动性创设可靠的条件；要注重模拟真实的情境，并且强调采取适当手段引导学生主动融入模拟情境之中进行认知和知识学习；强调向学生提供种类丰富、形式多样的学习资源，使学生能够进行自主学习，在遇到问题和困难的时候能够通过查找资料自主解决；强调给学生创设适当的问题情境，引导其与他人进行合作学习；重视引导学生进行意义建构。

从建构主义学习理论出发，一些教育专家提出了以下几条教学原则，用以支持教学内容的设计和教学环境的建构。

一是教师应该将需要学生参与的所有学习活动置入一个大的学习任务或者问题情境之中。

二是在教学活动中要支持并采取适当手段引导学生主动发现问题，将之作为学习活动的重要刺激，激发学生的求知欲望，使学生能够主动自愿地投入学习之中，而不是将既定的学习目标和学习任务强加给学生。

三是教师创设的学习情境应该和实际情境不管是形式方面还是复杂程度方面都相类似，如此才能够使学生在离开学习情境之后迅速适应实际环境而不至于滞后，以此来避免学生认知要求的降低。

四是教师应该将学习过程中的主动权交给学生，而其自身应该负责为学生创设问题情境，或者为学生提供思维方面的障碍和挑战，以此来激发学生解决问题的兴趣和主动性。

五是教师要为学生创设一个有适当援助的学习环境。也就是说，在学生的学习过程中，教师不能脱离而置身于外，要时刻准备着在学生遇到困难的时候为其提供示范和咨询服务，引导学生找出解题思路。

六是教师应该鼓励学生体验多样化情境，学习多方面的认知观念并学会自主进行验证。

上述种种原则如今来看均已经被充分应用于计算机辅助教学活动之中。相关教师和学者据此建构了支架式教学、小组合作式学习、问题探究式教学等多种极具价值的教学模式，推动着计算机辅助教学不断向前发展。

（二）计算机辅助教学的深入与拓展阶段

随着社会进入21世纪，计算机辅助教学也进入了深入与拓展阶段。在计算机信息技术的支持之下，新一代的计算机成为能够将信息采集、存储、整合、加工，以及通信和人工智能等进行高密度结合的计算机系统。也就是说，21世纪的计算机的任务和功能已经从以往的单纯数据信息处理转变为对社会中生产和更新的海量知识信息进行处理，如帮助计算机用户获取知识、存储知识和利用知识等。并且，新一代计算机还具有推理和学习等人工智能方面的能力，可以帮助人们更加方便地获取新知识，辅助人们对未知领域进行拓展。21世纪计算机信息技术的飞速发展为计算机辅助教学的更进一步普及与成熟提供了必要的技术支撑。

在这一阶段，教育领域的技术理论在实践的基础上获得了再次发展，推动计算机辅助教学进入了一个新的发展阶段。从计算机辅助教学的形成和发展路径来看，其应该是人类教育发展历史中除教材之外的又一次质的进步和变革，在很大程度上推动了传统教学模式、教学理念和教学手段等的变革，也推动了教育现代化的发展。在实际教学活动中运用计算机辅助教学的时候，其强大的生命力和优越性得到充分体现。从其发展过程中我们可以看到，计算机辅助教学的应用空间很大，其必然会成为教学活动中的主要辅助工具。在计算机技术发展的支持下，人类社会中的教育事业必然会迎来全新的变革和发展，必然会取得更大的成绩。这一时期的计算机辅助教学的主要特点着重体现在以下几个方面。

1. 多媒体信息技术的发展

多媒体信息技术的产生和不断发展推动了计算机辅助教学的前进和变革，使计算机辅助教学为学生提供的展示界面变得越来越友好，学生和计算机之间的互动方式越来越多样化，诸多教学内容和教学信息都可以通过图片、动画、视频等多种形式非常便捷地进行展示，彻底改变了传统教学活动中单纯依靠文字和板书进行教学的单一局面。

2. 网络技术的发展及互联网的应用

从美国计算机辅助教学的发展和前景来看，网络化是其所具备的一个非常重要的优势和特征。从当前美国计算机信息技术的发展来看，其已经实现了"无机不联"。在计算机联网设想实现之后，计算机信息和资源的共享率和利用率均得到了大幅度的提升。从互联网的出现和发展进程来看，作为全世界最大的计算机网络，其始建于1969年，在1994年的时候有人对其进行过专门统计，当时这一网络便已经覆盖了整个美国90%的计算机用户，而且美国全部高校均已加入这一网络之中，在整个世界上也覆盖了140多个国家和地区，大约有一百万台计算机服务器实现了互联，有数千万用户得以利用互联网。具体到教育领域，互联网技术也正处于大显身手的阶段，持续不断地向前发展。具体来说，在计算机信息技术的支持下，互联网不仅能够为教师和学生提供从小学一年级开始到社会上最新的科研成果整个过程中全部的知识信息，而且能够帮助学生和教师通过互联网沟通平台进行实时互动和讨论，加强了师生之间的联系。此外，互联网在远程教学活动的开展与进程中也在发挥着十分重要的作用，通过其覆盖面积异常广泛的优势和能够在一瞬间进行信息远距离传输的速度，使教育主体之间的距离大大缩短，在互联网的支持下，居住在华盛顿的教师可以同时为旧金山和纽约的学生上课，甚至可以跨越国家界线为大洋彼岸的英国学生讲课。与此同时，互联网在推动边远地区教育发展的过程中也具有重要价值。在美国，几乎所有高等院校都建立起了自己独特的、能够为本学校或者相关社区教育进行服务的专门化的计算机网络。在这一网络中，学生、教师和相关的科研人员可以随时随地地进行无障碍沟通和交流，获取更多、更具价值的信息和服务。在中小学中，计算机网络也得以广泛建立，几乎每一所中学都有自己学校的局域网，或者和其他学校进行联系的专门网络。直到今天，将计算机辅助教学真正用于教育领域最多的国家依然是美国。

3. 人工智能技术取得了引人注目的成果

在计算机辅助教学的发展和应用过程之中，人工智能技术发挥了重要作用，且得到了较为广泛的应用。将软件工程的策略方法引入计算机辅助教学系统的设计与开发之中，可使课程设计工程化特征越来越明显。例如，在计算机辅助教学活动中，教师可以充分利用人工智能技术来模拟"家庭教师"的一系列行为，这样一来，在人工智能技术的支持下，一些非计算机专业的教育人员自己也可以进行比较简单的计算机辅助教学软件的应用和开发了。

4. 虚拟现实技术的应用

在教学技术的变革和发展过程中，虚拟现实技术得到了非常普遍而且广泛的应用。通过互联网虚拟技术，教师可以模拟真实情境来建构与之相符的虚拟

环境，学生可以在这一虚拟环境之中进行多样化的信息互动，进而促使学生充分发挥学习的积极主动性。从当前的教育教学活动看，如今已经有很多国家将虚拟现实技术应用于学校教育之中，并且获得了令人比较满意的教学效果。例如，美国一些学校在体育课程的篮球教学中应用虚拟现实技术，创设虚拟场景，让学生在虚拟场景之中亲身感受美国职业篮球联赛（NBA）优秀队员在比赛中的表现，激发学生的学习积极性，提高学生的学习兴趣；在物理课程的教学活动中，教师通过创设虚拟世界来引导学生探索发现万有引力的变化，进而更加直观地认识地球大气层的磁场与月球磁场的强弱等。

二、我国计算机辅助教学的发展历程

（一）开始阶段

对于我国计算机辅助教学的发展而言，在 20 世纪 70 年代后期至 80 年代中期应该是计算机辅助教学的开始阶段。在这一时期，我国一些学者初步学习和了解国外计算机辅助教学技术以后，提出了必须加快我国计算机辅助教学的发展步伐的论断。而所有事物的发展都需要有一定的物质基础作为支撑，在这一时期，计算机硬件配置便是支持我国计算机辅助教学发展的主要物质基础。我国计算机硬件配置发展水平较低成为这一时期需要解决的首要问题。在开始阶段，我国以引进和学习国外先进的理论基础和教学经验为主。由于我国计算机辅助教学的研究和应用起步比较晚，而且初期硬件设备和相关理论都比较薄弱，所以在这一阶段之前将计算机应用于教育教学几乎还处于一片空白的环境之中。而同一时期，美国等一些西方国家的计算机辅助教学的发展速度是比较快的，并且获得了令人瞩目的成就。为了加快我国计算机辅助教学的发展进程，我国采取积极引进先进思想和技术的策略。因此，在这一阶段我国计算机辅助教学发展主要是引进国外先进经验与成果。

1978 年，北京师范大学和华东师范大学成立了教育技术研究所，对于我国计算机辅助教学的研究真正开始。1980 年，华东师范大学开始研制计算机辅助 BASIC 语言教学系统，并且获得了较大成功。

从学习理论方面进行认识，计算机辅助教学中相关软件的开发和编制都是在具体学习理论的支持下进行的。理论基础不同，设计出来的计算机辅助教学模式也存在一定的差异。具体而言，学习理论经历了行为主义、认知主义到建构主义等几个发展阶段，其在不断演变的过程中也推动了计算机辅助教学的变革与发展。

在计算机辅助教学发展的开始阶段，其主要是以行为主义理论作为基础和指导的。具体而言，行为主义学习理论主要涉及两个基本观点，即学习过程正是不断进行尝试和不断发现错误的过程，以及学习过程是刺激—反应—强化的过程。在行为主义理论指导下进行的计算机辅助教学软件的编制较为重视"即时反应、重复重现、及时反馈和强化"。我们从这一方面进行认识就可以看到，在此阶段之中，我国的计算机辅助教学的手段主要是操练与练习、个别辅导、模拟和游戏等。

（二）应用阶段

计算机辅助教学在我国发展的第二阶段是 20 世纪 80 年代后期至 90 年代初期。国家教育委员会基础教育司（现教育部基础教育司）于 1986 年成立"全国中学计算机教育研究中心"。该中心专门对计算机辅助教学在小学和中学等学校中的应用进行研究，并负责组织对相关多媒体教学课件的评审与推广，在计算机辅助教学的发展过程中起到了不容忽视的推动作用。在这一阶段之中，受计算机技术发展和生产技术发展的影响，计算机的价格与之前相比有了较大幅度的下降，因此一些条件比较好的地区和学校添购了一定数量的计算机来辅助教学活动。自此开始，我国的计算机辅助教学进入了具体实施和应用的阶段，而且支持计算机辅助教学的硬件和软件、学习理论和教学策略等也都有了较大发展。

首先，1986 年，全国计算机辅助教学研究中心成立之后便针对计算机辅助教学展开了一系列研究探索，对于我国计算机辅助教学的发展起到了重要的推动作用。而这一年中的相关统计数据表明，我国中小学教育教学中能够使用的计算机数量已经超过 6 万台。

其次，国家对计算机辅助教学的发展和应用非常重视，如在我国的"七五"攻关项目之中，便列出了两项与计算机辅助教学相关的重要课题，一是面向大专院校的，二是面向中小学教育的。在这一时期，中小学教育方面的计算机辅助教学软件便有上千种被开发出来。

再次，学习理论的更新也在一定程度上推动着我国计算机辅助教学的转变与发展。这一时期的计算机辅助教学主要是以认知主义学习理论为基础的。对于认知主义而言，其否认"刺激与反应的联结"，认为人类的认知过程是其内部活动，是学习者对所需知识的理解进行主动和积极的意义建构过程，认为学习活动是一种"调节—平衡的反复"的认知模式，而学习的结果即认知结构的重新组合与变革。在这一学习理论的影响下，"问题解决型"计算机辅助教

学成为这一阶段最受人们认可和普遍欢迎的教学软件类型。在这一阶段之中,计算机辅助教学的主要目的转变为帮助学习者培养和提升分析问题和解决问题的能力,发展学习者探索发现知识的能力和创造性思维。此外,计算机辅助教学在认知主义学习理论的指导下对于学习者的知识结构和认知能力也越来越重视,对于学习者和学习环境之间的相互作用越来越关注,在教学活动中善于创设真实的问题情境,引导学生身处其中解决问题。此阶段的计算机辅助教学与前一阶段相比,无论是教学目标和软件类型还是程序编制都有了质的飞跃。

最后,教学模式种类和数量的不断增长推动了我国计算机辅助教学的多元化发展。对于计算机辅助教学而言,模式不同,需要的支持软件也有所差异。需要注意的是,课件自身便具有教学目标确定性、教学内容完整性、教学模式固定性以及教学结构封闭性等特点,因此在将之应用到教学活动中的时候不可避免地会存在局限性,无法适应多样化教学模式的发展。在面对这一问题的时候,相关专家和学者提出了"积件""群件"的观点。自此,课件、积件和群件得以共同发展,也推动着计算机辅助教学的向前发展。

(三)独立研制与开发阶段

1990年之后,计算机价格不断降低,越来越多的学校开始购进计算机设备来辅助教学。在全国范围内出现一股学习计算机、使用计算机的热潮,这一情况为计算机辅助教学的发展奠定了良好的基础。一些专门的杂志也增设了计算机辅助教学相关的栏目。在这一时期,计算机硬件慢慢变得不再是影响计算机辅助教学发展的主要问题,人们对于计算机教学课件的要求变得越来越高,不仅要求课件编制的完善和高质量,而且对于课件的评价和推广也越来越重视。

为了推动我国计算机辅助教学的更新和发展,教育部相关部门也采取了很多有效措施。例如,教育部高等教育司在1993年和1994年分别组织高等工科院校和理科学校成立计算机辅助教学协作组,组织和指导高等学校计算机辅助教学的应用和研究工作。在对前面阶段教学课件使用中存在的不足和优势进行分析和总结以后,在1997年有业内专家学者提出了"积件"这一概念,对我国计算机辅助教学发展具有重要的引导意义。对于积件而言,其具有非常明显和突出的开放性与灵活性,能够将教学内容以知识点的形式存储到积件库之中,而且能够提供一个简单好用的组合平台。通过这个平台,非计算机专业的教师也能够根据自己的需要和教学目标,选择适当的知识点在平台上进行组合,完成课件的开发和制作。在这一阶段之中,多媒体技术、局域网技术等均得到发展和广泛普及,各级各类教师都积极参与到教学课件的制作和开发过程之中,将计算机辅助教学推向更高的发展水平。此外，国内一些计算机公司也纷纷加入教学软件的开发设计之中，越来越多的教学软件涌现，进一步推动了计算机辅助教学的发展。20世纪90年代中后期，互联网在我国也开始被应用到教学活动中，推动着我国的计算机辅助教学有了更大发展，和国际水平的差距得以进一步缩小。

作为信息革命在教育领域最具代表性的产物，计算机辅助教学的产生与发展也是教育领域适应信息社会发展的更进一步变革。在建构主义学习理论的指导下，计算机辅助教学得以更好地向前发展。作为认知主义发展中的重要成果，建构主义注重情境创设、合作学习和意义构建等。对于人们的学习活动来说，在特定问题情境之中通过合作学习探究、主动意义建构进行的学习才是最有效的。在这一基础上，这一阶段的计算机辅助教学基本上被"协作式"和"随机教学"等模式所统治。这些教学模式对于学习情境的建构都非常重视，而且强调学习者主体作用的发挥和合作学习价值的凸显。因此，多媒体技术、超文本链接和网络技术成为此时计算机辅助教学实现的主要技术手段。多媒体技术的应用使计算机辅助教学软件的信息以文本、图形、声音、视频和动画等丰富多彩的形式呈现；超文本链接的应用使计算机辅助教学方式更符合人类的思维特点；网络技术的应用扩大了共享资源的范围，而且使合作学习成为可能。此时，我国的计算机辅助教学正朝着智能化的方向前进。

第三节 计算机辅助教学的发展现状

一、理论研究薄弱，缺乏自主创新

（一）理论研究基础薄弱

随着学习理论的不断丰富与发展，其对于计算机辅助教学的基础支持作用和指导作用等越来越突出。从我国当前教育领域的相关研究来看，我国对于学习理论的探索和研究非常重视，不论是教学过程的实施、教学模式的构建与选择、教学课件的制作和设计、教学软件的开发以及教学目标的设定等均能够发现学习理论的身影。学习理论发展至今，行为主义、认知主义和建构主义已经成为当前对教学技术产生重要影响的三大内容，对我国计算机辅助教学的发展具有深刻影响。尤其是建构主义理论的提出和发展，更是在很大程度上推动了

我国教育改革的进程,对计算机辅助教学的发展具有重要的现实意义。但是,我国教育技术界很多研究都是在理工科背景下进行的,缺少教育学、心理学等重要理论基础支撑,导致其在发展过程中不断出现一些问题。虽然在教育技术界不乏心理学家,如加涅、斯金纳、布卢姆、布鲁纳等,但是他们的风格和认识都是美国式的,在很多情况下和我国的国情有所不符。而从我国的教育技术界中的人物来看,以理工科居多,虽然有一些是教育学和心理学领域的,但是数量很少。这就导致我国教育技术领域的研究缺乏重要的理论支撑,很多研究只能借鉴或者直接参考西方心理学的认知内容,致使计算机辅助教学理论基础薄弱。

(二)盲目推崇建构主义理论

作为三大学习理论中如今占据主体地位的理论,建构主义在教育技术界可以说是无人不知、无人不晓,甚至很多中小学教育技术工作者也对其有一定的认识,在教育技术界专家的推动下,很多教师在讨论信息技术和计算机辅助教学的时候几乎无法脱离建构主义理论。在这种情况下,建构主义成为一个学习理论方面的"权威",即其是世界上所有教育理论当中最完美的一种认识。而事实上,当前在国际社会中比较流行的很多规范和理论多数都是西方发达国家的专家提出来的,是他们对理论进行界定和分析,并将之积极地推广到世界上其他国家的。这些理论和规范在不断发展和传播的过程中,其他国家尤其是一些发展中国家必然会面临一个接受与否以及接受程度高低的问题,我国也无法例外。从国际关系和国家利益的角度来看,对于这些学习理论,我们自然不能回避和拒绝,但是也不能完全接受,否则就会导致依照西方规范塑造我们的自身利益的情况出现,必然会对我国的国家利益产生不利影响。因此,对于学习理论,无论其先进与否,我们都不能对其进行盲目崇拜,而是应该根据自己的实际需求和现实情况,对其进行适当借鉴和吸收,以确保自己的国家利益不受损害。在这一过程中,我们尤其需要注意的一点是,由于建构主义强调国家的能动性可以创造国际体系结构,因此我国要通过自身的实践活动,积极参与到新的国际规范建构过程中。

二、教师信息素养尚需提升

教师在计算机辅助教学中是不可或缺的一个要素,在其中发挥着无可替代的重要作用。不管是在何种教学活动中,教师都是起主导作用的,这一点毋庸置疑。而计算机辅助教学实际上只是一个辅助工具,是帮助教师更好地开展教学活动的。因此，教师信息素养的高低对计算机辅助教学是否能够获得理想的效果具有至关重要的作用。随着信息技术的不断发展，计算机的功能越来越强大和多样，而一些教师是非计算机专业的，又受到传统教学理念的影响，在面对计算机辅助教学的时候会出现手足无措的状况，导致在教学活动中出现一些问题。

（一）教师的计算机水平有限

受计算机应用于教学活动这一现状的影响，教学必须具备一定的计算机操作技术。具体来说，掌握最基本的计算机相关知识和操作技能、能够利用多媒体教学系统、可以进行教学课件制作并进行操作等应该是对教师计算机技术的最低要求。但是从当前的教学活动来看，一些学校尤其是一些偏远地区的学校，仍然存在只有计算机课教师才能够流畅使用计算机，而其他科目的教师计算机水平偏低，影响了计算机辅助教学的发展和应用。

（二）教学方式方法的形式化

从教学功能来看，计算机辅助教学和传统教学是具有非常明显区别的，相比较而言，前者的知识呈现形式更加多样，而且利用方式也更多。对于此，一些教师就只认识到计算机辅助教学的这一优势并进行片面放大，在使用过程中只是为了直观而直观，只看课件的内容丰富和展现华丽，忽视了计算机辅助教学为教学活动服务这一最重要的目的。在课堂教学中，常常出现一节课展示太多华丽课件而致使学生无法将注意力集中到知识获取上面的情况。

此外，教学方式方法的形式化还有另外一个重要表现，即只注重形式而忽视了传统教学中那些有效的教学手段。这具体体现在以下方面。

第一，一些教师在使用计算机辅助教学技术开展课堂教学活动的时候，会将之直接覆盖整节课，而将其他教学手段全部抛弃，甚至在课堂上无论什么知识都只用课件进行展示，而不再进行板书，师生之间的交流互动也越来越少。实际上，在课堂教学中进行适当板书是具有很大优势的，不仅可以对知识点和学习步骤进行示范，而且能够缓解学生的紧张情绪。教师在课堂上的朗读虽然可能无法与那些名家相比，但是也能够做到字正腔圆、情感饱满，有利于将文字描述中蕴含的感情传递给学生。这些对于师生之间进行良好互动都非常有利，而且都是教师单纯移动鼠标、利用课件呈现知识所无法实现的。

第二，一些教师为了活跃课堂气氛，会在一些不需要使用计算机辅助教学的知识传授中仍然盲目使用计算机辅助教学技术，导致课堂教学出现反效果。例如，一些通过板书或者其他教学媒体进行辅助教学能够获得很好的教学效果

的知识全部改为计算机辅助教学，导致计算机辅助教学使用过多，对教学效果产生不利影响。

第三，计算机辅助教学具有比较明显的提升教学效率的优势。于是一些教师便不顾教学大纲的要求和教学目标的设定而随意在课件上增加教学内容，导致学生在上课时面对课件眼花缭乱，无法掌握知识要领，使计算机辅助教学成为"满堂机灌"模式，导致教学效率无法获得提升。

（三）计算机模拟功能的滥用

计算机辅助教学具有重要的模拟功能，因此对于一些比较抽象的知识，教师可以通过教学课件直观地进行展示，即所谓的"以假代真"。例如，物理教学中的震动、电磁波等内容是看不到、摸不着的，直接进行语言和文字叙述学生常常很难进行理解，这个时候教师便可以通过计算机的模拟功能使之直观地呈现出来。此外，一些比较危险的化学实验，也可以通过计算机辅助教学的模拟功能来进行虚拟操作，可以避免发生危险。但是，在现实教学活动中，一些教师会盲目地将这一功能应用于全部的实验教学中，导致应该学生亲身操作的实验变成单调地观看实验，只能够被动地接受实践结论，对于学生动手操作能力的培养造成不利影响。例如，一些化学实验不仅需要学生观察到试剂融合之后颜色的变化，而且需要学生通过嗅觉进行味道的判断，对于这种实验，如果仍然单纯使用计算机辅助教学，学生就只能看到颜色变化，而无法亲身感知味道，进而无法获得令人满意的实验教学效果。

（四）计算机辅助教学取代教师作用

从当前的计算机辅助教学的应用来看，其所有的反应都是设定好了的程序决定的，缺乏灵活性，在教学活动中遇到突发情况的时候无法及时进行处理，最多只能够在师生互动过程中起到一定的作用，这也是影响其发展和应用的重要因素之一。如今计算机辅助教学应用已经非常普遍，而且多数也获得了良好的教学效果。但是一些教师在课堂上以计算机辅助教学为主，使之完全取代了自己的作用，而教师自己只负责教学系统的操作，学生跟随课件展示进行学习，严重影响到师生之间的互动和交流。

（五）对计算机辅助教学的认识有误

对于计算机辅助教学而言，其在真正应用过程中通常是以"观摩课"的形式进行的，信息技术和具体的学科教学并没有真正融合到一起。之所以会出现这种情况，是因为教师对计算机辅助教学的认识存在一定的误区。一些教师认为进行计算机辅助教学需要自己进行教学课件的制作和开发，会花费较多的时间和精力，是一种投入多而产出比较少的工作，仅适用于教学评比、检查等形式的工作。这导致一些学校只有在公开课或者应付教学检查的时候才会选择使用计算机辅助教学开展教学活动。

三、外部教学评价缺乏科学性和指导性

随着信息时代的不断发展，计算机辅助教学在教学活动中的应用越来越广泛，如今对其进行规范和适当评价就显得非常必要。从当前针对计算机辅助教学的评价来看，相关人员主要是通过制定适当的评价标准来帮助系统开发人员了解教学活动的特点和适用方法，进而推动计算机辅助教学软件向兼容性和共享性等方向发展。

所谓教学评价主要是指，相关人员针对教学目标和相关标准的执行情况，对教学活动进行系统了解，明确教学活动的优势和不足，对其进行查漏补缺，并适当调整教学过程。

教学评价所涵盖的范围非常广泛，最开始的时候教育技术领域的评价重点是对学习资源和过程实施评价。在针对学习资源进行评价的时候，通常比较重视对教学软件和教学素材的质量、网络资源的开发与利用等进行评价，而对学习过程进行评价的时候主要是针对学生的学习过程。随着认知的不断深入，人们对于教学评价有了更深层次的认识，并且提出要将教学评价贯穿教学实践的整个过程。但是从其发展现状来看，至今对于计算机辅助教学所进行的系统的和专门的评价标准仍然没有得到很好的发展。很多学校在对计算机辅助教学进行评价之后仍然是利用传统教学评价中的标准和指标，只是在最后简单地增加一条多媒体教学系统和手段的应用。而对于怎么样对这一手段的应用进行适当评价，以及以何种指标对其产生的效果进行准确评估，目前还缺少系统的、准确的标准。

作为整个教学系统之中不可或缺的一个重要环节，课堂教学评价不仅仅是对教师本节课工作的评价，而且对教师下一阶段教学活动的开展具有重要引导作用。从这一角度上来看，教学评价既是教学过程的终点，也是下一阶段教学过程的起点。通过评价得出的结论会成为教师今后开展课堂教学活动的重要参照。而当前在教学活动中发挥重要作用的计算机辅助教学如果缺少系统的、准确的评价标准，就会导致不同学校之间出现巨大差异，容易导致仅凭主观印象对课件或者部分教学过程的片面评价替代对教学全部环节和教学效果的总体评

价，使评价结果无法客观地反映教学活动，对计算机辅助教学效率的提升和发展会产生不利影响。

总体而言，当前我国对计算机辅助教学进行评价的时候仍然会受到应试教育观念的影响，仍然是通过学生的考试成绩来对教学效果进行评价和衡量，导致评价缺乏科学性和指导性，无法真正起到激励和导向的作用。具体而言，其主要体现在以下几个方面。

第一，对于评价方式而言，目前仍然是通过最终阶段的考试对学生进行评价，这种情况对于全面素质教育背景下的学生发展会产生不利影响，也不利于对学生创造性思维的培养和提升。

第二，对于评价的内容和目标而言，如今的教学评价仍然比较注重学生对于知识点的记忆和掌握情况，容易忽视对学生学习能力提升的评价。

第三，对于评价方法而言，目前的评价方法仍然是采取百分制，缺乏科学合理性，容易导致教学评价无法有效进行。

第四，对于评价制度而言，制度缺乏科学规范性。在对教学进行评价的时候，教师通常根据自己的主观意愿和认知随意设计评价题目，这就导致无论是评价的信度、效度还是区分度都无法真实反映实际情况，容易导致偏离教学目标的情况出现。

第五，对于评价手段而言，目前的评价手段仍然缺乏科学性，没有将现代教育技术合理地应用其中。

四、软件开发水平不高

计算机辅助教学软件和其他一些应用软件最大的不同就是其主要服务于教学活动，并且会融于整个教学活动之中，其主要目标是提升教学质量和效果。由此可见，计算机辅助教学软件必须与现代教育理论相辅相成，要符合当前的教学规律和原则。但是从实际情况来看，其仍然存在如下一些问题。

（一）软件开发工具单一

在我国，教育部门或者一些学校会经常性地举办一些课件比赛，有些甚至直接规定只能利用什么软件或者何种系统进行设计和制作，这会导致教师掌握的课件制作手段单一，进而对计算机辅助教学认识不足或者产生错误认识，对计算机辅助教学的发展会产生不利影响。

（二）软件开发体系亟待完善

在如今的教育市场上，虽然已经有数量众多且形式多样的教学软件，但实际上真正适用于教学活动的软件并不多，在各级学校之间目前仍然缺乏一个比较完整的、涵盖范围广的开发体系，重复建设的问题比较突出，而且教师一般都是进行单兵作战，无法实施规模化教学。基于此种教学软件的现状，相关工作人员和教师都应该投入传统教学手段和计算机辅助教学技术适当融合的工作和研究中。在实际的教学活动中最大的一个障碍就是当前一些教师虽然教学经验非常丰富，教学体系也比较完善，但是缺乏必要的计算机应用技术，无法随心所欲地使用计算机来开展教学活动，导致教师空守宝藏而无法将之与现代化教学手段进行融合，对计算机辅助教学课件的开发造成影响。此外，教师对自己的教学活动进行的安排一般就是其对某一课题教学内容进行的构思和理解，这也是制作教学课件的重要前提。但是单凭教师自己完成所有课堂教学课件是有较大困难的，因为课件制作需要花费的时间和精力都比较多，对于教师整体教学的设计容易产生不利影响。

（三）教学软件开发忽略了学生的主动性

一般教师在上课时用的课件都是事先根据教学要求设计制作的，现在很多课件的开发单纯追求直观和生动，没能激发作为主体存在的学生的主动性。只强调教师的"教"而忽略了学生的"学"，全部教学设计理论都是围绕如何"教"而展开的，很少涉及学生如何"学"的问题。按照这样的理论设计的课堂教学软件，学生参与教学活动的机会少，大部分时间处于被动接受状态，学生的主动性、积极性很难发挥出来，不利于创造型人才的培养，很容易进入一种"人灌＋机灌"的新的课堂教学误区。而教师也受到定型的课件影响，完全围绕着课件讲课，缺少了课堂教学中最为精彩的"即兴发挥"，把原本的"课件辅助教师"变成"教师辅助课件"，甚至是"课件为主，教师为辅"。因此，我们需要加强课件的灵活性、开放性和可扩展性。

计算机辅助教学理论与实践研究

第四节 计算机辅助教学的发展路径和趋势

一、计算机辅助教学的发展路径

（一）充分认识计算机辅助教学的功能

对于计算机辅助教学所具备的重要功能，不管是教师还是学生，都应该对其有充分的认识。作为一种比较新颖的教学模式，计算机辅助教学在整个教学活动中发挥着不可替代的重要作用。但是从当前对计算机辅助教学的认识现状来看，无论是教师还是学生，对其都处于一知半解的状态之中，这对于计算机辅助教学活动的正常开展是不利的。从当前的计算机辅助教学活动现状来看，对其存在的认识错误主要体现在两个方面：一是教师和学生在一定程度上会忽视计算机辅助教学所具有的功能和价值；二是教师和学生对于计算机辅助教学的应用情况缺乏深入的了解。基于此，对于计算机辅助教学应该从这样一种观点来进行认识，作为一种新颖而且先进的现代化信息技术，将计算机辅助教学手段融入课堂教学活动中会起到非常重要的作用。具体来说，将计算机辅助教学应用于课堂教学活动中能够调节课堂氛围，激发学生的学习兴趣，有利于引导学生积极主动地投入课堂教学活动中。但是需要注意的是，计算机辅助教学并不是万能的，师生之间必要的交流和沟通是计算机辅助教学所不能替代的。因此，教师和学生在正确认识计算机辅助教学之后，必须摆正态度，不仅要发挥学生的学习主体性，而且要充分体现教师的课堂主导作用。

（二）提升教师能力和素养，充分发挥学生自主性

对于教师自身而言，在利用计算机辅助教学开展课堂教学活动的时候，还应该注意其专业技能和职业素养的提升。在实际课堂教学活动中，教师是计算机辅助教学最直接和最主要的执行者，教师的每一个动作、每一步操作都会影响课堂教学效果。在当前的实际教学活动中，受计算机知识认知和操作技能掌握水平偏低的影响，一些教师在应用计算机辅助教学的时候容易出现问题。鉴于此种情况，教师必须注意提升自身技能和知识素养，不仅要全面掌握计算机基础知识和技能，而且要能够将其合理应用到教学实践之中。从学校层面来看，相关领导也应该举行一些计算机辅助教学方面的讨论会、专题讲座等，可以邀请知名专家和学者来讲授能使本校教师更加科学有效地应用计算机辅助教学的

知识和技能，与此同时还应该注意适时进行实践训练。

在计算机辅助教学活动中，教师还应该注意充分发挥学生的主体作用。在传统的课堂教学活动中，教师始终扮演着教学活动的掌控者角色，只是站在讲台上面照本宣科，学生只能在台下被动地接受知识，这种传统教学模式严重阻碍了对于学生学习兴趣的激发和培养，也不利于调动学生的学习积极性。而将计算机辅助教学应用于课堂教学活动的时候，教师应该注意发挥学生的自主性，促使学生积极主动地参与到整个课堂教学活动之中。而为了实现这一目标，教师在具体开展教学活动的时候，可充分利用计算机辅助教学所具备的多种形式，将知识以声音、动画等形式整合起来，丰富教学内容，创新教学手段，进而激发学生的学习积极性，吸引学生主动投入计算机辅助教学之中。此外，做到这一点还能够使课堂氛围更加活跃，使学生在愉快生动的学习氛围之中开展学习活动，进而提升教学效果，推动学生全面发展。

在实际教学过程中，教师还应该注意学生之间所具有的差异化特征，如认知水平、学习兴趣、年龄差异等，这也会影响计算机辅助教学的正常开展。因此，教师在将计算机辅助教学用于课堂教学活动的时候，应该遵循针对性原则，深入了解学生的个性差异，在此基础上组织教学内容，选择适当的教学形式，如此才能够使学生主动地投入设计好的教学情境之中，进而全面深入地理解和掌握教学内容。

（三）利用多媒体课件，丰富教学内容

在将计算机辅助教学应用于课堂教学活动中的时候，教师还应该注意对多媒体教学课件的合理使用。在计算机信息技术的支持下，计算机辅助教学能够将教材内容以图片、动画、视频等多种形式进行展示，能够带给学生更加直观形象的感受。这一点是传统教学手段所不具备的，也是无法与之相比较的。通过这种手段，可以将学生的注意力吸引到教学内容当中，充分调动学生的学习积极性和主动性，激发学生的学习兴趣。因此，教师在开展计算机辅助教学活动的时候，应该将图片、动画等展示形式合理融入教学过程中。此外，教师还可以利用教学课件呈现内容丰富的优势，将其他领域中与教学内容相关的知识置入课件之中，以丰富课堂教学内容，开拓学生的眼界。教师要从学生的实际情况出发，利用计算机辅助教学创设真实情境，将知识讲授和学生的实际生活紧密联系到一起，以"因材施教"为原则，针对不同水平的学生设计差异化的教学课件和内容。不仅如此，教师在计算机辅助教学中还应该引导学生将掌握的知识运用于实际生活之中，进而更深入地内化知识，达到知行合一的目的。

（四）加强师生之间的交流与沟通

在推动计算机辅助教学发展的过程中，我们还应该重视加强教师与学生之间的互动和交流。在当前的计算机辅助教学中可以发现，受计算机信息技术过度应用的影响，教师和学生之间的交流和沟通变得越来越少，而传统课堂教学活动中师生之间的互动一般是比较频繁的。究其原因，计算机辅助教学被广泛应用于课堂教学活动中，使师生之间的双向互动交流发生了重大改变，原来的"教师—学生"之间直接的交流模式转变为"教师—计算机—学生"的模式，这对于师生之间情感交流和思维碰撞都是非常不利的。在如今的课堂教学活动中，尤其是年青一辈的教师，通常习惯于依赖计算机辅助教学来开展教学活动，只是将教材知识制作成课件呈现给学生，而学生在课堂上眼睛则一直盯着屏幕，原来师生之间的交流变成如今那种无交流的状态。基于这一问题，教师必须认识到，虽然计算机辅助教学已经广泛应用于教学活动中，但并不代表其是课堂教学的主体，也不代表其能够完全替代教师的作用。计算机辅助教学不管有什么优势，也只是一种辅助教学手段，是为师生之间的情感交流与思维碰撞服务的，教师的作用是计算机辅助教学永远都无法取代的。因此，教师在应用计算机辅助教学的时候，应该将其功能充分发挥出来，为学生创设一种直观而生动的学习氛围，吸引其注意力，激发学生的学习兴趣和学习积极性，进而更好地促进师生之间的情感交流。

（五）综合应用学习资源

学习理论的不断发展为计算机辅助教学软件的设计和开发提供了重要的理论基础，也是计算机辅助教学软件质量得到提升的保障。在如今的教学活动中，建构教学情境的时候计算机会起到非常重要的推动作用，但是要注意这并不代表计算机辅助教学是唯一的学习资源。在实际的教学活动中，只有综合并恰当运用各种各样的学习资源，充分发挥各种教学媒体和软件各自的作用和优势，才能够推动学习环境顺利建构。目前来看，建构主义学习理论是当前最受人们关注的学习理论之一，计算机辅助教学的发展和应用也受其深刻影响。因此，能够体现这一学习理论的计算机辅助教学在未来能够获得较好的发展。教师在开展教学活动之后，必须综合开发与利用学习资源，如此才能够推动计算机辅助教学顺利发展。具体而言，主要涉及如下两个方面。

1. 持续而有效地培训教师计算机操作技能是计算机辅助教学的关键

在信息社会之中，每一位教师都应该掌握一定的计算机操作技术，以适应计算机辅助教学的发展和变革。因此，从事教学工作的人员都应该进行有效且持续的计算机相关培训与学习，发展其综合素质和能力，这是推动计算机辅助教学有效融入课堂的关键所在。从长远来看，在信息技术不断发展这一背景之下，计算机必然会成为教师生活和工作中必需的一种工具，其可以帮助教师更加便利地获取信息，制订教学计划，开展教学活动和布置课外作业以及接受学生的信息反馈等。因此，作为一名合格的教师，其需要熟练使用计算机辅助教学技术，如此才能够推动学生全面发展。

2. 多方收集教学素材，建立教学资源库，为开展计算机辅助教学提供资源保证

在实际的课堂教学活动中，教师为了更好地开展教学活动，必须根据教学需要来收集和整理教学素材。如一段动人的音乐、一幅美丽的画作等，这些都可以成为课件中的教学内容。而这些素材的获取路径是比较多样的，教师可以选择利用信息检索技术在互联网上进行搜索，也可以自己利用相关软件进行制作，或者通过具体设备获取相关资料等。基于此，笔者认为学校可以集中本校教师多方收集的各种教学素材，并对其进行分门别类，构建成专门的教学资源库，以方便教师随时获取和使用，这样才能够对计算机辅助教学的顺利开展提供充分保障。

当教师掌握了一定的计算机技术后，应尽可能地结合本学科的特点，将计算机辅助教学手段自觉地应用到教学中去。教师只有实现熟练运用计算机辅助教学手段，才能更加透彻地向学生传授知识，才能使学生在实践中而不是在想象中进行学习，才能使教师通过计算机的模拟讲解，将复杂难懂的问题变得轻松简单。教师平时要注意对本学科适用的教学软件的收集和试用，熟悉各种教学软件的特点，这样才能在课堂教学过程中方便快捷地找到适用的教学软件。我们提倡教师自己动手设计课件，以增强课件在计算机辅助教学过程中的针对性，更适合教师自己的教学风格，更贴近实际问题，方便教师开展教学活动。教师平时要多借鉴其他教学软件的长处，以便自己动手设计课件时少走弯路，提高课件设计的成功率。

二、计算机辅助教学的发展趋势

计算机辅助教学在教学活动中所具有的重要性已经不需赘言，当前国家对于这一方面的投入每年都在增加，对其给予很大程度的重视。因此，计算机辅助教学在教学质量的提升和教学改革的发展之中发挥的作用必然会越来越重要。具体而言，计算机辅助教学在未来的发展当中应该有如下趋势。

（一）网络化

随着信息技术和互联网技术的不断发展，智能手机和无线网络等已经得以普及，融入我们的工作、生活和学习等各个方面。可以说，如今我们已经时时刻刻处于网络环境之中，这为计算机辅助教学更好地发展提供了便利的条件和支持。具体而言，在如今这个网络无所不在的环境中，教师可以直接利用互联网信息技术设计和制作符合自己需求的教学课件和相关软件，可以直接在互联网学习平台或者系统之中学习其他优秀教师的授课方法，可以将自己比较优秀的授课视频或者教学课件上传到网络平台上与他人共享，可以利用互联网便捷的沟通技术和其他教师随时随地地交流教学经验，还可以通过互联网沟通平台与学生家长进行及时有效的沟通与交流。学生则可以利用互联网信息技术进行自主探究式学习，或者与他人进行合作学习，可以将自己遇到的问题上传到网络学习平台上和他人进行交流，从而解决问题，可以将自己的学习成果、作品上传到网络上参与相关的评比等。

（二）智能化

从当前的计算机辅助教学应用现状和发展情况来看，其智能化特征越来越突出，并且正在向着这一方向持续发展。将人工智能技术应用于计算机辅助教学，教师可以通过计算机更加准确地把握不同学生的学习习惯、认知程度和个性差异，进而针对这些差异化特征因材施教，设计出符合不同学生学习需求的教学内容和专项练习。此外，智能化的计算机辅助教学系统还具备解答教学内容中相关问题的能力，可以将学生存在的问题指出并加以解决，还可以对学生进行更具有针对性的评价，使学生能够更加清楚地了解自己的优势和不足，进而更加有针对性地进行学习，使自己获得进步。

（三）提高教师素质

正所谓"活到老，学到老"，我们每个人都应该树立终身学习的理念。在计算机信息技术飞速发展的背景之下，教师必须通过培训、学习等诸多手段跟上时代发展的步伐。作为教书育人的主要实施者，教师在计算机辅助教学普遍应用的环境中必须能够掌握常用的计算机技术。为了帮助教师更好地掌握计算机技术，学校可以根据教学内容对相关技术进行归纳和总结，然后按照难易程度，循序渐进地对教师进行定期培训。通过不断的学习和培训，教师能熟练地掌握各种计算机辅助教学手段，进而提升教学效率和质量，最终推动学生全面发展。

（四）在农村教育活动中普及

随着信息技术的不断发展，计算机辅助教学在城市学校教育活动中已经得到普及并且获得了较为突出的成就。基于这一应用基础，为了提升农村教学活动的质量，推动城市和农村教育资源均衡化，必须采取一定的策略，投入适当的资金和人力资源推动计算机辅助教学在农村教育活动中的普及。

（五）课程整合

所谓课程整合，即使计算机辅助教学的应用能够像传统教学活动中黑板和粉笔等的应用一样熟练、自然且恰到好处。为了更好地达到这一目标，教师不仅要熟悉自己负责的这一科目中的主要知识和内容，对科目中的重点和难点要有足够准确的把握，而且教学目标的设置也要精确合理，还要能够熟练掌握计算机辅助教学技术。在计算机信息技术的支持下，教师和学生之间实现了超越时间和空间限制的实时互动交流。计算机会成为师生共同学习和发展必要的工具，现代化教学在计算机技术的支持下能够得以实现，计算机的作用和价值要能够得到最大限度的发挥。这是一项需要花费时间较长且任务比较艰巨的工作，随着课程整合程度的不断加深，教师的专业素质会不断得到提升，这会推动教学活动获得越来越好的效果，教学质量也会不断提升。

第三章 计算机辅助教学课件开发与制作

第一节 计算机辅助教学课件概述

随着信息技术的日益发展,计算机已成为现代人生活中不可或缺的重要工具,其在教育领域的运用也更加普遍。以计算机为主体的教育现代化已成为当下教育手段的一种重要形式,也是现代教育发展的必然趋势。

一、计算机辅助教学的概念

计算机辅助教学(CAI),单从字面上来看,其可理解为借助计算机完成教学的过程。计算机辅助教学的形式不是单一的,这就决定了其概念的多样性。总而言之,计算机辅助教学是指,在教学中借助计算机功能协助教师完成教学任务、提升教学效果的一种教学活动。计算机被视为一种教学媒体,其形式并不固定。教师借助计算机系统功能,向学生传授系统的学习内容,或是作为教学的补充,以教学模拟、游戏等形式向学生提供辅导、操练和实践等。计算机在教学中的运用,丰富了教学内容,改变了传统"黑板+粉笔"的单调模式,是现代教学的突出特点,有助于开阔学生的视野,使课堂教学变得生动,是教育改革的助推器。这样的教学活动是值得推广的,也就具有存在价值。因而,我们将有计算机参与的教学活动统称为计算机辅助教学。

二、计算机辅助教学课件的概念和类型

计算机辅助教学离不开相应的课件。网络化的发展加速了教学课件的开发与运用。在当前的教学领域中,各类 CAI 课件不断涌现,但其中具有较高质量的优质课件数量寥寥。为适应现代化教育的需要,开发融合科学性、教育性于一体的课件,是顺应教育改革的必然之举,也是值得教育工作者研究的重要课题。

（一）计算机辅助教学课件的概念

CAI 课件是实现计算机辅助教学的具体形式，从这个角度上来说，CAI 课件可称为教学软件，是教育者根据自己的教学理念，运用现代教育技术，将教学目标、教学步骤、教学模式与策略，乃至教学评价等内容编入计算机程序，向学生展示，旨在帮助教师更好地完成教学任务，提升教学效果。因此，在一定程度上突出教学目标、反映教学内容、呈现教学结构、把握教学重难点，并体现一定的教学策略是 CAI 课件的基本特征。

作为一种教学软件，CAI 课件是被人为设定的与教学相关的程序系统。由于人的差异性的存在，课件的内容与形式、质量等也大相径庭，根据课件所包含的知识量，分为以下几种。

1. 堂件

堂件是一种简单的课件形式，所含知识量较少。其特点是以某一知识点为教学内容，结合一定的教学策略的教学软件，其作用是化抽象为具体，化单调为生动、形象，旨在帮助学生理解、消化较抽象的教学内容或知识点。堂件的制作一般不复杂，其作用类似于"动态挂图"。

2. 一般课件

相较于堂件而言，一般课件所含知识量较多，通常包含一章或一门课程的内容。在教学模式的选择上，其也不同于堂件，而是基于软件的特点融合了多种教学模式。该软件系统涉及课程内容、练习、测验、评价、反馈等多种教学活动，既是辅助教师教学的工具，也是辅导学生巩固知识的重要途径，学生可在计算机终端自由安排学习。鉴于这类课件所含内容相对较多，需使用多种程序设计技术，因而，制作要求较高，需要投入较多的时间和精力，制作周期较长。

3. 系列课件

不同于前两种类型，系列课件涵盖更多的内容。该课件不限于某一课程内容，与所授内容相关的各门课程都可以在系列课件中集中体现，在教学模式上，也可以综合运用多种模式，在课件教学过程中，可以灵活选择不同模式，各模式相互融合。作为系统的教学软件，系列课件的形成并不是随意的，其主要由三大模块构成，即教学法模块、课程管理模块、教学管理模块。

课件是存储、传递和处理教学信息的软件，对于学生而言，课件在辅助完成教学任务的同时，也提供了多种便于学生操作的功能。如课件的互动功能，可帮助学生选择适合自己的课件内容，制订学习计划，记录学习情况，进而系统地进行评价。系列课件以其完善的功能、丰富的内容，是未来 CAI 课件教学的主流形式。

（二）计算机辅助教学课件的类型

CAI 课件可依据不同的分类方式，分为多种类型。其中，以结构划分，可将 CAI 课件分为固定型、随机型、生成型、智能型。

1. 固定型

这一类课件是一种基于设计人员预先设定的程序来进行教学活动的课件形式。其要求设计者全面熟悉课程内容，了解各单元的内容，乃至学科间知识的联系，能够对各单元教学内容的呈现和单元之间的转移进行有效控制。学生只能被动地遵循设计者的教学程序来学习，这是固定型课件的主要特点。

固定型课件的优点是程序设计不至于太过复杂，简单易行，对于教学内容单元间转移的有效控制，实现的可能性也较大，因而，教学效果较好。

固定型课件的缺点是严格按照课件实施教学，过于刻板，不能够及时地根据课堂状况，以及学生的情况做出调整，这种固定的课件结构，不利于激发学生的积极性和主动性，影响学生产生学习兴趣。

2. 随机型

随机型课件由一个主程序和若干个子程序组成，主程序主要是对教学目的、学习方法和教学项目的阐述，而子程序则具体呈现各种教学内容和教学策略。这一类型课件的特点是学生可以相对自由地选择主程序所呈现的内容。从这一点上来说，随机型比固定型更具有针对性，因而，其优点也是显而易见的，即给予了学习主动权，能够激发学生学习的主动性，使教学过程目的性更强。

随机型课件虽然有自身的优势，但其缺点也不容忽视，即教学内容不够丰富，囿于该类型的结构特点，虽然在一定程度上给予了学生选择的权利，但这种选择是在给定的范围内的，在程序内容的设定上也并没有结合学生的实际情况，因而，算不上真正的因材施教。

3. 生成型

生成型是利用某种数据结构和预先安排的算法，产生与学生知识水平相适应的、教学内容多变的一种课件结构形式。生成型结合了前两种课件类型的优势，并在此基础上发展而来。其特点是课件内容不是预先设定的，而是在学生与计算机的交互过程中生成的，即向学生提供的教学信息基于学生的反馈，符合学生的学习需求，交互的过程是不断进行的，因而生成型课件是一种动态的课件形式，教学内容随着人机互动的深入而不断丰富。灵活多变是该类型课件的特点。

生成型课件的优点表现为教学内容更具有针对性，很好地体现了因材施教。学生个体具有差异性，导致其对知识的吸收程度不一样。生成型课件在教学过程中，对于基础较好的学生而言，能够使其快速掌握教学内容；而对于成绩一般的学生而言，在经过多次的教学单元内容的学习后，其也能够查漏补缺，进而弥补原来知识的不足，有助于其成绩的提升。

生成型课件的缺点是程序设计比较复杂，数据的统计与分析较为烦琐，工作量相对较大，编制与算法也都比较复杂。

4. 智能型

该类型是较固定型、随机型、生成型而言更具优势的课件，其特点是融合了人工智能的原理和技术。智能型课件又被称为智能计算机辅助教学系统，即ICAI系统。

这一系统最大的特点是立足于学习者的实际情况，能够根据学习者不断变化的实际情况，生成教学信息，从而使教学过程和教学策略处于不断变化的状态，以适应学生的特征。ICAI系统主要由四个模块构成，如图3-1所示。其中，学生模块是对学生情况的记载，包括学生的学习情况、知识储备、学习能力，以及学习中出现的问题和原因分析等信息，能够作为教学决策的依据，使系统正确评估学生所掌握的知识与能力，进而提供适当的补习材料。

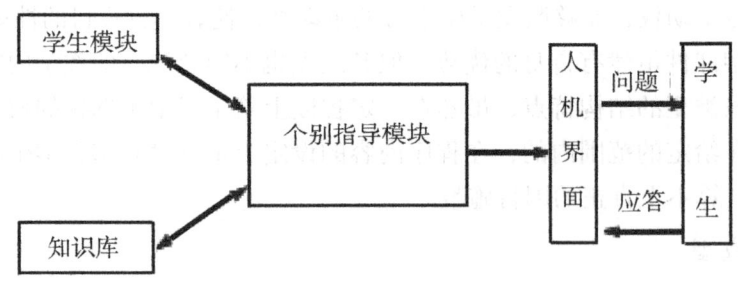

图 3-1 ICAI 系统构成

ICAI系统通过人机界面与学生相互作用，一方面，通过人机界面为学生提供适当的学习信息，另一方面，通过人机界面获取学生的基本信息，为学生提供更有价值、更有针对性的学习内容。

个别指导模块在与学生模块的互动中，明确学生的基本情况，基于对学生学习特点与状态的了解，分析其基本的学习需求，进而从知识库中检索出相应的知识，以一定的提示序列呈现给学生。

（三）计算机辅助教学课件的基本要素

计算机辅助教学课件一般由学习内容、辅助信息、控制信息、档案信息组成。学习信息是课件的主要内容，课件制作的目的在于辅助教学，向学生传授更为具体、更加丰富的知识。

学习内容是对教学目标的直观反映，偏离教学目标的学习内容的设定是不可取的，在此基础上形成的课件也便失去了课件应有的价值。学习内容是课件必不可少的要素。

辅助信息是为学生更好地学习教学内容而设定的。其包括背景设置、导入新课题所使用的内容。这一要素的作用在于化抽象为具体，使学习内容更为形象、生动，不仅能吸引学生的注意力，还能帮助学生更好地理解教学内容，形成知识间的意义建构。

控制信息可简单地理解为管理教学过程的信息要素，其目的在于维持教学的有效性。学生的兴趣是学习有效性的基础，而有效性也需要一定的标准来进行检验。所以，要做好控制信息这一要素，就需要处理好激发学生学习动机，以及强化评比等信息。

档案信息的作用在于搜集信息，进行教学反馈，以调整优化教学课件。促进教学目标的进一步达成。因此，档案信息包括学生学习的情况和效果信息。

三、计算机辅助教学课件的选题

虽然计算机辅助教学的实施离不开计算机及现代技术，但其中更值得关注的是课件的选题。它关系到课件开发的方向、目标和内容，影响课件开发的途径和方法。选题的好坏也制约着课件的质量水平高低。

（一）选题的基本步骤

课件是教学的辅助手段，因而，课件的选题首先需要建立在对课程总体把握的基础上，通过调研、考察而得出相应的选题思路。因此，文献调研和实际考察—提出选题—初步论证—评议和确定课题为课件选题的基本步骤。教学过程是一个不断变化的过程，因而，对于课件的选题来说，其不应该是一劳永逸的工作，而应是一个不断反馈调整的过程，常常需要反复调研和多次论证。

（二）选题的原则

为了使课件质量更高、价值更大，选题是关键，从提高选题质量入手，需要遵循以下原则。

1. 需要性原则

课件的制作是为了更好地完成教学任务，提高教学效果，因而，选题应避免随意性，要符合教学的需要，针对学习者的实际，有的放矢。其既要符合用户的需要，也要满足用户的要求。在现代化教学背景下，各类课件足以让人目不暇接，如搬家式的课件、题海式的课件，虽符合课件的要求，也是众多课件中较为常见的类型，但其固定化的形式与内容，并不是用户所需要的。只有根据用户需求开发的课件，才是有价值的课件。

由此可以认为，用户需求是课件开发的依据，也是保证课件质量的前提，更是衡量课件质量的一项指标。只有以用户需求为基础的选题，才能使课件的开发者目的明确，有效避免对课件的盲目开发。

任何一种软件产品，功能需求是首要的，此外，还包括性能、可靠性、安全性、保密性，乃至成本消耗、开发进度、资源利用、用户接口等需求。这些都是软件开发所必须考虑的范围。课件作为一种教学软件，自然具备软件的属性。同时，课件也有其自身的特殊需求，主要表现为教学内容需求和教学方法需求等。对于教学内容需求可以从两个方面来理解，即"教什么"和"怎么教"，"教什么"是对教学范围和深度的思考，"怎么教"是对教学手段的思考，即确定如何把教学中的知识内容传递给学生。教学内容的确定依赖于教学目标的定位，对教学内容的把握，就是为了选择合适的教学方法，使教学内容更好地得以体现。教学方法需求是对如何展开教学过程的思考。教学方法服务于教学效果，方法的选择主要基于不同的学习理论，不同理论指导下的教学方法各具特色。

2. 可行性原则

计算机辅助教学课件的选题，应遵循可行性原则。可行性不是只停留在理论层面，而是包含了技术、经济及社会效益层面。选题是否具备可行性，首先，应研究使用对象的软、硬件环境，教学与培训内容，是否具备实施课件教学的能力。这个能力不仅包括技术上的，还包括经济上的。其次，研究当前支持课件教学的系统，分析现有课件的优势与不足、现有课件的支持环境，以及现有课件的用户接口。最后，研究课件所能起到的教育效果，这也是对课件社会效益的衡量。作为辅助教学的课件，其存在的价值在于传授知识，因而其本身就具有一定的社会效益。所以，选题得当是提高社会效益的保证。

3. 针对性原则

作为教学软件的一种形式，课件的开发应始终围绕教学功能，体现其辅助教学的价值。课件的选题也应该围绕教学来设定，这就要求课件必须具备很强的针对性，包括是否适应用户的能力，是否解决了教材的重难点问题等。只有面向教学内容及教学对象的选题，才能制作出更加符合用户的条件要求、满足用户需求的优质课件。

4. 科学性原则

科学性是基于科学的理念与行为准则，符合学科特点和教学规律。课件选题的科学性表现在两个方面：一方面是课件内容的科学性，即学科的系统性、严密性、完整性；另一方面是课件符合教学规律，遵循相应的科学理论的指导。

5. 创造性原则

课件的制作是为了满足用户的需求，达到提高教学效果的目的。不同于传统的课堂教学，计算机辅助教学课件的应用，能够丰富教学内容。为使这一优势发挥到极致，在课件选题的过程中，就应该坚持创造性原则。创造性体现在以下几个方面：一是钻研教材所进行的创造性思维；二是设计教学方案的创造性；三是教学方案实施的创造性。

6. 艺术性原则

课件的开发是人的一项创造性活动，人的主观能动性的存在赋予了课件开发的艺术性。另外，不同的开发者及用户不同，也决定了课件的开发也应该不拘泥于一种形式，而应该是多样化的。课件的展示不仅要能体现教学内容，而且赏心悦目的视觉效果也同样重要。这能够激发学生的兴趣，对良好的教学效果的达成有着促进作用。这就需要开发者融合多种学科知识，坚持艺术性选题原则，创造性地开发出兼具艺术性和价值性的课件。

（三）选题的内容

选题是课件制作的重要环节，直接影响课件的质量。因此，对于开发者来说，要选好题，不仅需要具备基本的计算机操作技术，还需要对用户进行全面的分析与了解，并了解支持课件的软件及硬件环境。对于选题内容而言，需要注意以下几个方面：一是教学内容的确定，包括教学内容的重难点等；二是教学过程的确定，主要是教学方法与策略的选择；三是有一定危险性或不可重复的内容，以及时间过长的内容；四是重复操作、强化训练的内容。

（四）选题的名称

名称的作用在于让人由名而知其内容，即所谓的"顾名思义"。对于课件选题命名而言，其需要兼顾两个要求：一是定义使用对象；二是明确教学内容的具体覆盖范围。

四、计算机辅助教学课件的认识误区

计算机辅助教学课件给教学带来了便利，是教学手段进步的体现，但并不代表其可以取代传统的课堂教学。正确认识和对待计算机辅助教学课件，并将其恰当地运用于课堂教学之中，是教学智慧的体现。对计算机辅助教学课件的认识误区，主要表现在以下几个方面。

（一）课件使课堂教学变成了计算机多媒体功能展示

计算机辅助教学课件图文兼备，给人带来视觉上的冲击，更以音视频等多种形式给予人不一样的动态体验，足以吸引学生的注意力。如果一味地追求吸引学生注意力，而不顾教学的实际需要，使课件过于注重形式而忽略内容，其实是步入了对课件教学的误区。五花八门的画面固然能够吸引学生的注意力，但学生的注意力多被消耗在华而不实的界面上，真正投入与教学相关的内容方面的注意力少之又少。这与课件教学的初衷背道而驰。

笔者认为，过多的与教学内容无关的附属都是不必要的，计算机辅助教学课件不是摆设，绝不能追求形式上的浮华，它的作用在于为优化教学过程服务。

（二）课件使计算机变成了投影仪

课件的出现使教师不用频繁板书，这使课堂教学有了更多的时间。一些教师为节省板书时间，在设计课件时机械地将书上的内容或板书"搬"到计算机里，投影出来。殊不知，这也是课件教学认识上的误区。板书的过程是教师引导学生思维的过程，作用在于加深学生的印象。一味地通过课件来展示，看似省时省力，提高了课堂效率，长此以往，缺少了引导学生思考这一环节，势必影响教学效果。

（三）课件一定要体现大信息量

课件能够实现知识的延伸，向学生传递更多的与学科内容相关的丰富教学信息是其优势所在。但由此认为课件一定要体现大信息量是对课件教学认识的误区。课件的功能是辅助教学，服务于教学目标，因而不能偏离教学的主题。

其主要任务在于突出重难点，而非大而全的知识的堆积，缺乏主次的内容安排最终只会影响课件所起到的作用。因此，在设计课件时，应在突出教学重点的基础上，再考虑扩大信息量。

（四）课件使教师成了放映员和解说员

在课件教学的实践中，有的教师将与教学内容相关的信息都列入课件，在上课时，通过点击鼠标将课件内容展示给学生；有的教师图省事，甚至一节课都忙于操作课件，对于知识的讲解也只是照本宣科……教师充当课件的放映员和解说员的角色，这是对课件教学认识的又一误区。理想的教学过程是多边互动的过程，离不开教师与学生的交流。课件教学尤为如此。为防止教学活动陷入机械化的模式，教师应给予学生足够的人文关怀，应注重师生的互动与交流。否则，课件教学将变成"灌输式"教学，不利于学生积极性和主动性的发挥，也会影响课件教学的最终效果。

第二节 计算机辅助教学课件的理论依据和价值

一、计算机辅助教学课件开发的理论依据

思想是行动的先导，优质的课件制作必须以一定的科学理论为指导。国外先进的教学理论可用来指导我国教学课件的制作。

（一）建构主义学习理论基础

随着教学理念的不断进步，以及心理学家对学习过程认知规律研究的不断深入，过去强调"刺激—反应"并把学习者看作对外部刺激的被动反应的行为主义学习理论已逐渐被淡化，取而代之的是强调认知主体对信息的自主加工过程的建构主义学习理论。网络和信息技术的发展为认知主体的自主学习创造了条件，能有效地促进学生的认知发展。随着时代的不断进步，建构主义学习理论越来越凸显强大的生命力，成为课件开发的重要理论基础之一。

课件开发的目的是指导教学，服务于教学，让学生在新的教学模式中发挥积极性、主动性，从而提高学习效果。这正符合建构主义的学习理论。建构主义学习理论的杰出代表是皮亚杰，"同化—顺应"认知模型是其理论的一大精髓。他认为人的认知结构是在同化和顺应交替中逐步建立起来的，并在"平衡—不平衡—新的平衡"的循环中不断丰富、提高和发展。人类的认知离不开学习的过程，建构主义学习理论由此产生。

1. 建构主义学习理论的属性

人的认知离不开学习的过程，学习是获取知识的有效途径。而建构主义认为知识不是被动地接收，而是认知主体在一定的情境下，通过自身的努力，借助一定的外力的帮助，包括教师和学习伙伴，乃至可供利用的工具、设备等，获取必要的学习资料，通过意义建构的方式获得。由于学习是在一定情况和背景下，借助他人的帮助而实现的，因此，情境、协作、会话、意义建构便构成了建构主义学习理论的四大要素。

（1）情境

情境是认知主体所处的环境，因此，在建构主义学习理论指导下，课件设计除考虑教学目标外，还应该将情境纳入考虑的范围，创设有助于主体对所学内容意义建构的情境。情境是课件设计的重要内容之一。

（2）协作

建构主义学习理论强调协作的能力，协作贯穿于学习过程的始终。通过协作，达到能力的提升，完成主体难以独自完成的工作，如资料的搜集与分析、假设的提出与验证、学习成果的评价直至意义的最终建构等。

（3）会话

协作的过程，离不开会话，会话是商讨的前提和基础过程，是建构主义学习理论指导下主体获取知识的重要环节。学习小组间通过会话才能达成对学习任务的共识。此外，会话的过程也是小组成员思维凝聚的过程，是达到意义建构的重要手段之一。

（4）意义建构

意义建构简单地说就是对事物的本质、规律及内在联系形成全面的认识，是建构主义学习理论指导下学习的最终目的。在学习过程中，意义建构是认知主体需要对知识形成一种深刻的理解，这种深刻表现为不仅了解知识本身，而且对知识间的相互联系形成一种认知结构，即所谓的"图式"。

2. 建构主义学习理论教学过程中的四要素

教学是基于多边关系的互动，尤其是现代教学技术的发展更是丰富了教学手段，使传统的教师、学生、教材的互动，转变为教师、学生、教材、媒体的互动。因此，基于这四项的互动主体构成了教学过程中的四要素。

建构主义强调以学习者为中心的建构理论，突出学习者的主体地位。教师是意义建构的帮助者、促进者，其作用在于引导学生进行知识的建构，帮助学生形成对知识的正确认知。对于学生而言，教师不再是知识的提供者与灌输者。

学生是学习的主体，在教学过程中，学生始终处于重要地位，不可替代，也不容忽视。在建构主义学习理论的指导下，学生是知识的探索者，是意义的主动建构者，而非被动的接收者，这些都基于学生主观能动性的发挥。

教材是知识的载体，是教师引导学生获取知识的途径之一。教材的作用不仅是为学生提供直接的知识，而且是提供意义建构的对象。

媒体作为教学工具，在建构主义学习理论的指导下，应该成为学生主动建构知识的助力，通过媒体创设情境，使学生在协作、会话中完成知识意义建构，而非教师灌输知识。

学生要想真正成为意义建构的主体，需要做到以下几点：一是发挥学习主体的主观能动性，积极主动探索，去建构知识的意义；二是在学习过程中，需要学生继续发挥主观能动性，主动收集并分析有关数据和资料，并积极发挥思维的能动作用，善于发现问题，尽可能地提出各种假设并努力加以更正；三是对所学知识进行意义建构，使知识间形成联系，积极思考并灵活运用。联系与思考，对于意义建构来说，是必不可少的，将其与协作学习中的协商与会话相结合，势必显著提高意义建构的效果。

要扮演好学生意义建构的辅助者的角色，教师需要从以下几个方面着手：一是注重对学生兴趣的引导，帮助学生形成学习动机；二是创造条件，创设有助于学生意义建构的情境，引导学生思考并探寻知识之间相互联系的线索，形成知识体系，帮助学生建构所学知识的意义。

为保证意义建构的质量与效率，教师还应组织协作学习，给予学生强调协作与会话的机会，并通过适时引导以保证意义建构的有效性。一是针对所学内容，在整体把握的基础上就某一知识点对学生提出问题，引起学生思考与讨论；二是在讨论中，循循善诱，不断深化问题，以加深学生对知识的理解；三是发挥辅助者而非灌输者的作用，对学生进行引导、启发，而非灌输，引导学生自己去发现规律、总结规律，纠正对自身的错误认识。

建构主义学习理论是指导教学的先进理论，将其用于指导计算机辅助教学课件的设计，同样具有重要意义。

（二）现代教学理论基础

教学理论支撑着教师的教学活动，现代教学理论是社会不断发展进步的产物，影响教师的教学理念与教学方式的形成。

1. 教学目标

在现代教学理论指导下，计算机辅助教学的实施，单从教学目标上来说，并未因计算机的介入而改变，计算机只是作为一种实现教学目标的手段，在一定条件下，有助于促进教学目标的达成。

教学目标是教学的方向，是教学活动的出发点和归宿，应贯穿于教学活动的始终。任何一门学科教学活动的有效开展，都离不开教学目标的引导，都需要切实可行的教学目标的支持。在教学过程中运用计算机辅助教学，课件的制作应围绕教学目标展开，这样对于教学目标的完成才具有积极作用，才堪称为实现教学目标而服务的先进课件。

现代教学理论强调从三个方面突出教学目标，即知识能力、过程方法、情感态度，要求教学的过程，不仅要注重对学生知识能力的培养，更要注重对学生素养的培养，科学观、学习方法的养成，多样化的教学目标，都旨在将学生培养成全面发展的人才。这是素质教育的目标要求，也是现代教育的终极目标。计算机辅助教学课件在设计中应充分发挥自身功能，针对不同的教学对象，在不同的教学阶段制定不同的目标，使教学有的放矢，为终极目标的实现奠定基础。从这一点上来说，现代教学理论支持教学过程中对于计算机辅助教学课件的运用。

2. 教学过程

现代教学理论对于计算机辅助教学课件在教学过程中的运用可行性与否，着眼点不同，其所关注的焦点也随之变化。着眼于教学过程时，其主要看计算机辅助教学课件能否有助于教学过程的优化。一般而言，计算机对教学的优化主要通过对教学各个环节的优化来实现。通常来说，课堂一般分为四个环节，即导入、学习、检验、结束。每一个环节的优化，都可以发挥计算机的功能。

（1）对导入环节的优化

导入是一堂课的开始，导入的效果直接影响后一环节的教学质量。导入的目的在于引出新的内容，对于学生来说，教学内容需要有足够的吸引力，才能激发其学习的兴趣。将计算机辅助教学应用于导入环节，利用其声音、图像、视频、动画等形式，在课件中创设极具吸引力的情境，引出学习的新课题和学习目标，促使学生产生浓厚的兴趣，激发学生的学习热情。

（2）对学习环节的优化

这一环节是学生学习新知的过程。学生对于新知识的获取有两种途径：一种是以教师传授为主；另一种是以学生自主探究为主。现代教育理念强调两者兼顾，既要突出学生的自主性，也要重视教师的适时引导作用。计算机辅助教学应用于这一环节，尤其是应用在课件的制作过程中，对于以教师讲授为主的方式来说，可以通过具体的、形象化的设置，来弥补语言无法表述的抽象的知识或概念，结合教师的讲解，能够加深学生对于知识的理解。对于以学生探究为主的方式来说，计算机辅助教学的应用为学生自主学习创造了条件，为其获取学习资料提供了便利。课件教学丰富了课堂形式，有助于开阔学生视野，活跃其思维，还可以为教师、学生、计算机的交互创造条件。计算机能及时获取和探究学习过程中的反馈信息，为了解学生对于知识的掌握情况以及对教学策略的优化调整提供依据。

（3）对检验环节的优化

学习新知识的目的在于运用，检验环节既是巩固知识的过程，也是对学生知识掌握情况了解的过程，更重要的是学生通过掌握所学知识，实现知识的举一反三、灵活运用的过程。因此，对这一环节的设计尤为重要。计算机辅助教学课件在这一环节的应用，能够综合学生所学知识与其他相关知识内容的联系，针对不同能力层次的学生设计与之能力相匹配的各种问题情境，既能够很好地安抚学生的情绪，提高检验效果的准确性，还能避免传统单调练习的枯燥，有利于学生思维的开拓。

（4）对结束环节的优化

研究表明，学生的注意力在课堂接近尾声的时候大部分都已消耗殆尽，而教师一般都会在临近课堂结束的时候对课堂内容进行总结，这对于学生巩固知识、加深印象很重要。这时候如果学生注意力不集中，教师的课堂归纳就会流于形式，对学生起不到应有的作用。计算机辅助教学课件应用于这一环节，能够通过优化设计，一方面，带给学生不一样的课堂体验，唤醒其疲惫的大脑，使其注意力重新得以集中，另一方面，课件实现全方位、多角度地对知识进行综合概括，从而达到优化结束环节的目的。

二、计算机辅助教学课件的价值

随着现代教育技术的不断发展，网络教育将逐渐盛行，课件将会在未来的教学过程中发挥越来越重要的作用。

一是在教学过程中存在一些比较抽象的内容，诸如概念、定义等，还存在一些难以呈现的实物，或难以用语言表述清楚的内容，给学生造成一定的理解障碍，而借助计算机辅助教学课件，能够将这些缺憾与不足，以具体、生动、

形象的方式表现出来，更便于学生的理解。计算机辅助教学课件融入课堂教学，课件代替了传统的黑板、粉笔等教学工具，课件中包含了教学目标、知识点，以及相关的拓展知识等内容，尤其是课堂板书也可以通过课件展示，这些工作都在备课阶段完成，这样可以提高课堂效率，在相同的时间内可以向学生传递更多的知识。

从技术与设备上来说，一方面，计算机辅助教学课件是教师智慧的结晶，教师能够将自身所学以优质的课件形式展示出来；另一方面，计算机辅助教学课件能够为学生营造良好的学习情境，无论是从视觉上还是从听觉上，给予学生不同于传统教学的体验，能够调动学生的主观能动性，刺激学生的思维发展，加深学生对知识的理解。

二是"教师+书本"的模式，囿于教师水平及书本条条框框的限制，对于知识的传授毕竟有限。而计算机辅助教学课件能够承载较为丰富的信息内容，按照预先设定好的程序进行，能够提高教学效率，在教学时间有限而教学任务繁重的教学现状下，课件成为缓解学时矛盾的有效手段。

计算机的出现为人们带来了极大的便利，其强大的内部存储功能，成为信息储存的主要载体。计算机辅助教学课件就是借助计算机的这一优势，根据教学的需要，将不同形式的教学内容，如图片、音频、视频、文字等信息建立多媒体教学素材库，也可将教案、习题、模拟实验、参考文献等列入素材库，然后根据教学的需要，通过快速选取库存资料，将相关素材直接用于课件的设计，节省了教师备课的时间。在课件内容的安排上，针对学生的能力以及教学的目标，将重难点知识或是抽象的、不易于语言表述清楚的教学内容，通过动画演示、模拟实验等方式展现，给予学生更直观的体验。这样不仅能够很好地完成教学任务，让学生透过抽象的概念深刻地领悟概念的本质与规律，还能让学生对该部分内容留下更加深刻的印象。

三是从课件的制作来说，课件是由具有丰富教学经验的教师设计制作的，凝聚了教师的智慧和心血。为使课件的质量更优，收到更好的效果反馈，在设计前，教师都会做足准备工作。从这一点上来说，课件对于促使教学内容更加规范有序具有积极作用。在课件制作前，对用户的了解必不可少。优秀的课件开发者都会尽可能地了解学生的基本情况，包括了解他们的需求、知识储备、能力水平、兴趣爱好，以及优势与不足等，知己知彼，才能在素材的搜集、教学目标的制定上更有针对性，在此基础上制成的教学课件才更有价值。

教育现代化理念的不断深入，对教师的能力提出了多样化的要求，教师不仅需要具备扎实的理论知识，而且需要掌握一定的现代化技术。课件在教学中作用的不断凸显，使越来越多的教师意识到掌握课件制作方法的必要性。教学课件在一定程度上促进了教师计算机操作能力和设计能力的提升。对于学生而言，先进的教学技术的引入，也激发了他们的自主意识，学习的自觉性也在不断增强。课件便于保持的特点，为他们知识巩固提供了便利。

四是在传统的课堂讲授中，教师需要在讲解的同时，不停地进行板书，课件的功能之一便是免除了教师板书的劳累。课堂上所讲的内容，教师都可以事先存储于课件程序中，上课时点击鼠标即可。不过，笔者并不认为课件可以完全代替板书，在教学中，板书也是必不可少的，需要教师灵活处理。总体而言，课件可节省教学过程中的一些不必要的板书所耗费的时间，教师可利用这些时间讲解更多的教学信息或是进行教学内容的组织完善，还可以集中精力关注学生的反应，以调整课堂节奏，或是帮助学生归纳所学知识等。

五是课件教学与传统教学最大的不同点在于，传统课堂教学大多为教师通过"语言＋板书"的方式来传授知识。由于声音是转瞬即逝的，所以教师在课堂上所讲的内容，注意力集中的学生能够接收到，但信息的接收程度并非百分之百，加之其他一些不可避免的因素，学生没听清的情况也可能存在，还有的学生根本没注意听，长此以往，知识的欠缺造成学生之间的差距逐渐产生并增大。而板书的方式，虽然也有助于学生对知识的理解，但黑板的空间是有限的，教师讲解的内容是无限的，简单的板书或是边写边擦的板书，也影响了学生对于知识的记忆。而课件是存储于计算机中的软件，便于存储是其特点之一。利用这一优势便可实现课件内容的反复播放，有助于学生对于知识的巩固，以及查漏补缺。另外，课件存储量大，展示的内容具体、形象，有助于学生对于知识的理解和积累。

六是课件便于因材施教。在传统的教学中，教师面向所有学生讲授同一知识，无法兼顾学生的个体差异性，有的学生能力强，有的学生理解慢，长期如此，学生间的差距便逐渐显现，也不利用教学目标的达成。

课件教学的优势便是内容安排灵活，适合于不同层次的学生学习，也可以不受时间、空间的限制。学生被赋予了充分的自主权，他们可根据自己的实际情况和需求，针对自己的强势和弱势，自主选择学习内容和学习时间，选择适合自己的学习进度，这样更有利于提高学生的积极性和兴趣，有助于取得更好的教学效果。

第三节 计算机辅助教学课件开发与制作的演变与困境

随着科学技术的高速发展、现代教学理念的不断深入,以及教育技术的不断更新,以课件为载体的计算机辅助教学给传统教学模式带来了极大的挑战,课件教学以其自身的优势逐渐成为现代教育的发展方向之一。然而,就我国多媒体教学现状而言,在教学改革及素质教育的推动下,多媒体教学虽然在各学校有所推广,但其发展还不是很成熟,无论是学校硬件设施、人员配置,还是课件制作、教学效果等各方面都存在许多问题。本节主要针对计算机辅助教学课件开发及制作的相关问题进行初步探讨。

一、我国课件开发思想的演变

(一)萌芽——程序教学思想的引入与应用

根据相关文献记载,我国在 20 世纪 70 年代便开始了对课件的研究。这一时期是我国计算机辅助教学课件开发的萌芽阶段,以程序教学的课件开发思想为代表。

1. 程序教学思想在我国兴起的背景

我国程序设计理论于 20 世纪 60 年代由国外传入,最初仅限于对这一理论的生搬硬套,导致教学效果不理想。随着"中学数学自学辅导教学实验"课题组的成立,我国程序设计教学有了突破。它是立足于当时的国情和教学实际而提出的教育思想,批判地吸收了程序教学中的合理因素,在当时具有积极意义。

20 世纪 80 年代,教育理论开始盛行,尤其是行为主义、建构主义理论的发展,为课件开发理论的丰富奠定了基础。程序设计理论也深受行为主义理论的影响,即给教学提供一个活动反应、及时强化和行为定型的过程。囿于当时社会经济发展水平,人们的思想从理论到实践的转化也受到一定的影响。

2. 程序教学及其开发思想

人们普遍认为,程序教学不是现代社会的产物,早在古希腊时期就有其雏形。苏格拉底通过长期的教学实践,总结了一套独特的教学方法,被世人称为"苏格拉底方法",而他对这一教学方法的命名受其母亲职业的启发,将其称为"产婆术",即为思想而接生,旨在引导人们形成正确的思想。"师生问答"是其教学方法的主要特色，故"苏格拉底方法"又被称为"问答法"。这一方法强调引导，在教授学生新知识或新概念时，通过问题，让学生思考，得出正确的答案。若学生回答错误，也不是直接纠正，而是再通过另外的问题一步步引导，直到学生回答正确。除此之外，苏格拉底还是第一位程序编制者。他在几何学里创建了程序，被他的弟子柏拉图记录下来。

随后，普莱西于1924年制造出第一台教学机器。在很长一段时间内，程序教学研究没有更大的突破，直至20世纪50年代，操作性条件反射的学习理论出现。这一理论的提出者为斯金纳，他基于该理论成功设计了一台突破普莱西模式限制的教学机器。程序教学正是在这一理论的基础上创造出来的一种教学策略。自此，程序教学经历了灿烂的黄金时期，在这一时期，程序教学和教学机器也进行了一些改进，先后产生了普莱西的"直线式程序模式"、斯金纳的"经典直线程序模式"、克劳德的"内在分支程序"和凯的"适应分支程序"。通过归纳可以发现，虽然它们在程序设计上发生了变化，但也有相似之处。一是突出个性化的学习，教学机器为学习者提供适合其个性化学习的资料。二是强调学习者的参与性学习，教学机器通过创设问题情境，让学习者参与其中。三是强调循序渐进的程序化学习过程，教学机器及时反馈学习者的学习情况，合格方可进入下一阶段的学习。

因此，基于行为主义的程序教学课件开发，就是对教学内容进行程序化处理，强调循序渐进的学习过程，并试图在课件与学习者之间形成刺激，即"刺激—反应—强化"的学习机制。具体而言，其就是在课件开发时预先将教学内容进行分割，在各分割部分之间建立逻辑联系，然后按照循序渐进的步骤，逐一落实。同时，在课件中设置强化机制，是对学习者知识掌握情况的反馈，通过回答教学机器预设的问题，答案正确为合格，给予肯定强化，课件中一般会出现赞赏的文字或声音提示，继而引导学习者转入下一阶段的学习。而对于错误的回答，则会出现鼓励性的文字或声音提示，学习者可重新提交答案。按照此程序，逐步引领学习者达到学习目标。

随着人们认识的不断深入以及实践经验的不断积累，程序教学课件开发思想在内容和范围上都得以突破，表现在以下几方面。首先，刺激形式的多样化。计算机可提供诸如文字、图形、声音等多样化的动态信息，在课件与学生之间形成刺激。其次，不再局限于固定化模式的选择性反应机制，而允许学生输入构造的，甚至是算法性的应答。最后，突破了强化的范围，不再局限于对学生回答正确与否的评定，而有可能判定学生应答正确程度、错误的性质与根源并提供最适宜的反馈信息。

（二）直观、认知和积件——我国课件开发思想的兴起

1. 直观教学课件开发思想

（1）直观教学思想概述

直观，即便于直接观察的。直观教学课件即通过感官，可直接感受到的课件形式。17世纪捷克教育学家夸美纽斯对直观教学有着清晰的认识，他提倡感官教学，提出感官是知识教学的媒介，主张充分利用人的五官功能，利用图片和模型，可提高教学效率。随后，教育学家赫尔巴特等人延续并发展了他的这一思想，并提出了直观教学思想，并影响了我国教学课件的开发。

直观教学强调人的多种感官的协调，通过对事物进行直接观察和体验而使学生获得感性经验，为理性知识的获得打下基础。直观教学的主要观点可概况为以下几点。第一，知识的获取离不开感性经验的积累，需要通过事物的表面现象探知其背后真理。在学校教育中，对于抽象的教学内容，借助图片、实物模具或联系学生的生活经验，有助于更为直观地呈现，给人以深刻印象。第二，教学重视学习者多感官的协调。充分调动视觉、听觉、嗅觉、触觉等，有助于学习者对知识的强化，激起更广泛的大脑活动区域。所以，在直观教学中要善于调动学习者眼、耳、手、口的相互作用，保持眼看、耳听、手动、口说的一致性。第三，演示、观察不是教学目的，而是教学手段，旨在通过观察而进行必要的抽象思维，并由此上升到规律、定理、判断等思维层面，获得理性认识才有意义。

（2）直观教学课件开发思想的要求

随着时代的发展，特别是进入20世纪90年代以来，人类逐渐进入数字化时代，以数字多媒体为基础的现代技术为直观教学课件的开发奠定了基础。故而直观教学课件开发思想便是开发者基于直观教学思想与数字多媒体技术，灵活运用多媒体的图文以及音视频并茂的特点展示事物和现象的课件开发理念。具体要求如下。

第一，所提供实物模型应尽可能贴近学生生活。采用计算机多媒体技术要尽可能多地呈现直观生动的感性材料，便于学生建立知识间的联系，促进其知识的迁移。计算机多媒体的优势还在于打破了时空限制，根据教育、教学的需要，灵活地将教学内容以形象、生动的方式再现于课堂。

第二，以多种媒体符号展示事物和现象。多媒体的特点是集图形、图像、声音、动画、视频等元素于一体，直观教学便是借助数字技术，将多媒体充分运用于课件中，使呈现教学内容的直观材料更加丰富。

第三，作用于学生多种感官。多种感官的协调有助于学生观察习惯和观察能力的养成。其具体要求如下。一是强调教学内容的直观性。直观教学课件开发思想指导下的直观资料的呈现，应围绕学生的生活实际，选取日常物品、自然现象、科学探索等易于学生接受的材料。二是多媒体的充分运用，为多感官学习创造优良环境。三是基于多感官通道，建立形象材料与抽象知识间的联系，通过总结提高，达到课件教学的目的。四是课件内容的组织应符合学生和教学的实际情况，包括学生知识水平、教材难度、教学目标等，因此，直观教学的课件开发思想受到限制，一般常见于低年级的课件或者以言语知识为学习目标的课件中。

2. 认知结构化课件开发思想

（1）认知结构化课件开发思想的产生背景

随着人们的认识的不断深化，人们对行为主义学习理论产生疑问，认为其缺乏对人的心理活动的关注。人们对信息选择、接受，以及对信息编码、存储、提取与使用过程的研究，刺激了认知学习理论的产生与兴起。然而，很长一段时间内，认知主义学习理论并未完全取代行为主义学习理论，一方面是由于认知主义学习理论从形成到成熟需要一定时间，另一方面是课件开发者受行为主义影响深远。对于我国课件开发而言，其理论的不断成熟和影响不断扩大，促使我国课件开发逐渐形成了认知结构化的开发思想。

（2）认知主义学习理论的基本观点

认知主义学习理论的基本观点包括以下几点。第一，人不仅是学习的主体，也是认知的主体。学习的过程是人作用于环境的过程，环境对人的学习产生潜在的刺激，促进人的认知结构的不断完善。第二，人获取信息的过程也是人的认识在"刺激—感知—注意—记忆—理解"过程中积累的过程。第三，环境对人的作用是绝对的，而人对环境的刺激、感知、注意等却是选择性的，取决于人的主观意识。所以认知主义学习理论强调个体内在的心理结构和认知结构的重要性。

（3）认知结构化课件开发思想的信息编排结构

通过将外在事物间的联系内化为学习者的认知结构，为此，在课件的教学信息设计上，认知结构化课件开发强调如下几种信息编排结构。一是螺旋式结构。以基本概念为基础，对概念的呈现力求具体、形象。根据抽象程度的不同选择不同的呈现方式，即螺旋式结构。二是层级式结构。知识的学习是不断积累的，都经过了由简单到复杂的层级过渡，因此，课件的结构可设计成层级式的。三是先行组织者结构。要对头脑中已有的知识与教材中新知识建立联系，就需要设计先行组织者结构，以引导性的内容，给学习者一个同化新知识的认知框架。

3. 积件开发思想

（1）积件开发思想的产生背景

教育现代化的不断发展，促使学校教育理论、教育手段也随之发生了变化，多媒体辅助教学的运用更为普及。然而，如何有效发挥计算机在学校教学中的优势，是学校教育者面临的一个现实问题。在这一时期，计算机辅助教学存在的问题主要表现在以下几个方面。一是课件的教学适应性问题。课件服务于教学，课件的内容与形式都是固定的，而教学却是复杂的过程，一种课件很难保证同时适应不同的教学情境。二是课件禁锢了师生的主观能动性。课件的内容，乃至教学安排都是固化了的程序，师生的互动也离不开这个程序的设定，在一定程度上影响了师生主观能动性的发挥。三是抑制了师生的意志与思维。课件的开发者力求课件的完美，会过多地从教学理论和优秀教师的经验方面来设计课件，造成以少数人的意志代替多数人的思想。

为解决这些问题，教育者经过不断研究与反思，发现课件教学效果与所制作的教学片段的长度呈反比。有人将此片段教材称为"插件"。这为日后的课件开发奠定了基础。

（2）积件开发思想的作用与核心理念

积件是一个形象的比喻，即类似于储存积木的仓库，积木仓库是积件库，积木就是知识材料，搭积木的工具便是积件组合平台，搭积木者便是师生。积件的作用在于：一是为师生提供丰富的信息素材；二是通过积件组合平台方便师生自由地组合教学材料，完成教学任务，这一过程类似于"搭积木"。积件的优势就在于赋予了师生一定的选择权，弥补了之前课件设计在这一方面的不足。

积件是构成课件的基本教学元件，积件设计的核心理念就是将积件与教育思想、教学方法、学习理论"脱钩"，使之成为教师和学生教学活动的工具。因此，基元性和可积性是积件开发思想的核心。

（三）传授与建构——我国课件开发思想的多样化发展

这一时期的课件开发思想朝着多样化的方向发展。笔者选取其中较为典型的几个加以分析。

1. 定位于课堂教学的课件开发思想

这一开发思想是以主知主义为理论指导,以班级模式为特征的信息化教学课件开发思想。所谓主知主义,是把传授知识和发展理智作为教育和教学过程的基础与目的的教育思想。此类课件开发定位于教师,其目的不仅在于提高教师系统传授知识的作用,也在于提升学生对所教内容的掌握程度。围绕这个目标,进行相应的课件设计。

首先,需要明确这类课件教学类似于传统的课堂教学,教师需要先对教学内容进行必要的讲解和解说,进而以相关的问题引导学生理解、深化、掌握,并能够运用这些教学内容。这类课件在内容的安排上与传统课堂教学中的备课相类似,不同的是,课件参与的教学,不仅让教师在课堂上更为轻松,也让学生更为直观地了解到教学内容的重难点,便于师生把握教学的进度。其次,在传统课堂上,为增强教学的生动性,教师穿梭于课本、教案,以及挂图、幻灯片、投影仪等教具之间,若遇到突发事件,缺乏经验的教师教学节奏会受到影响,甚至造成课堂教学混乱等情形。而定位于课堂教学的课件在设计中就明确了教学内容和教学逻辑结构,在教学过程中,可将教学内容直观地呈现出来,即使遇到突发状况课堂被中断,教师也能够通过课件提示,很快恢复正常教学。

对于这类课件的开发,一般需要课件开发者尽可能多地提供充足的积件,在设计中将积件整合于课件。在教师看来,课堂定位课件是教学内容的信息化传递工具,强调根据知识内在性质和逻辑结构来组织教学内容,注重科学概念、基本事实、基本原理和科学体系,为教师的课堂教学提供了良好的工具。

2. 定位于个人自学的课件开发思想

定位于学习者个人自学的课件,是为学习者创设自主学习环境的课件开发思想。其有别于灌输式教学,注重学习者学习能动性的发挥。这种定位的课件开发理念注重从学习者的实际情况出发,尽可能满足学习者的学习需求,以人机交互、意义建构、游戏等方式引导学习者思维朝着"邻近发展区"前进,实现知识的迁移与应用。

对这一课件开发思想的理解可以从以下方面进行把握:一是课件的设计以学习者为中心,学习者是课件设计的前提,需要考虑学习者的认知结构、学习动机等;二是课程内容不是固定的,而是随着主体情况的变化而变化的;三是师生关系不受课件的影响,课件的应用替代了教师一部分的职能,课件成为师生间互动的平台,但师生关系并未因此发生变化,教师仍然是教学活动的实施者与参与者。

此类课件一般包括情境导入、探究新知的功能模块，在内容的设计上，通常不仅包含课前预习、课内知识，还包含用于巩固知识点的练习题和答案，作为对课堂学习的一种补充。此类课件具有较强的针对性和可操作性，因而受到学习者的青睐。

对于这类课件的设计，需要把握两个方面。一方面，由于个性化和交互性是CAI的明显特征，因而定位于个人自学的课件设计，就应该充分发挥CAI的特性，从个性化和交互性两方面进行课件功能的设计，充分考虑课件用户及其专业特长，满足不同用户的学习需求。另一方面，信息载体的多样化是课件所独有的，不同于传统教师单纯的说教，课件教学不仅需要教师的讲解，而且需要加大多媒体的应用力度。因为，从学习者的学习情况看，集图文、声像于一体的多媒体，更能够调动学习者自主学习的积极性。但长时间地面对显示屏或投影仪，同样会让人产生视觉疲劳，不利于学习者注意力的集中，所以教师适时地进行干预，能够起到很好的引导作用。

定位于学习者个人自学的课件开发思想，以学习者的个性化学习为基础，并且在其他方面有了新的发展。一是继承了认知心理学理论，强调学习者的学习动机等因素；二是强调以学习者为中心，创设轻松愉悦的学习情境和交互环境；三是非程序化的自定步调学习，使学习者拥有更多自主权。

3. 定位于协作学习的课件开发思想

协作学习是建构主义理论指导下的教学思想，是以小组合作或团队协作为基础的学习模式。在合作学习过程中，学习者可以将自己探索、发现的信息和学习资料分享给小组中的其他成员或是其他小组，实现资源的共享。为了达到学习目的，小组成员可以采取多种形式，如对话、讨论等，有助于发展学习者个体的思维能力，增强生生间的沟通能力。

网络化的发展为小组合作学习提供了良好的网络环境。以计算机为基础的协作学习应运而生，它是在计算机支持的协同工作和协作学习相融合的基础上发展起来的，是传统合作学习的延伸和发展。华南师范大学赵建华教授认为，计算机支持的协作学习有三大特点：其一，强调协作学习中学习个体的责任，个体是群体中的一部分，只有明确个体职责，才能保证协作学习的方向及有效性；其二，强调在集体中发展个人的知识与技能，个体能动性得到发挥，才能促进群体智慧的凝聚，提高群体的工作效率和质量；其三，协作学习的过程是学习者相互交流、探讨、发现问题、解决问题，从而获取知识的过程，教师的作用不是灌输知识，而是对学习者的协作加以引导。

鉴于此，定位于协作学习的课件开发就应该符合计算机协作学习的特点。以交流、协调及信息共享为目标，建立学习小组，对小组或群体的学习过程进行控制，形成双向或多向的沟通交流、互帮互助的学习界面，以最大限度地体现学习者学习的自主性。

值得注意的是，定位于协作学习的课件开发的关键在于，其能够引导学习者通过探究发现问题、解决问题，更重要的是让学习者在协作解决问题的过程中，培养了分析问题、解决问题的能力，以及知识迁移与应用的能力。

二、计算机辅助教学课件制作困境

计算机辅助教学课件已成为现代教学的重要形式，是教学理念、教学内容、教学方法等要素的集中体现，与教学质量有着直接的联系。课件的开发是一项复杂的创造性劳动，作为教学软件，一方面，需要考虑软件制作的规范；另一方面，要考虑遵循教学规律和要求。由于一些因素的影响，课件在开发与制作上存在一些困境，这些困境主要表现在以下几个方面。

（一）课件类型选择的困境

课件有多种类型，根据其内容呈现的方式可分为课堂演示型、个别交互型、测试题库型、游戏型和工具资料型，其中又以前两种为主要类型。根据用户不同又可分为教件与学件两类。

1. 课堂演示型与个别交互型的选择

课堂演示型即将所需展示的教学内容按照预先设定的模式——呈现出来，需要借助多媒体的特性，通过刺激信息接收者的感官，使教学信息迅速被转化吸收。这一类型的课件适合知识难度不大、知识点相对不多，不需要学生太多参与的内容，适合集体教学。而个别交互型就复杂得多，它通常被设计成多层次、多分支的结构，一般针对学习对象的不同，设计出不同的教学流程。在形式上，其融合多媒体的特性及优势，从视觉、听觉等不同角度刺激学生的思维发展，提高其学习的动力，符合国际潮流和素质教育的要求。

课堂演示型课件的特点是内容丰富、完整，结构紧密，虽然能够完成教学的任务，但其形式固化，缺乏灵活性，教师成为放映员，学生被动地观看，在演示过程中，缺少教师、学生、计算机的互动，也就限制了师生思维的发散及能动性的发挥，与课堂教学规律相违背。个别交互型课件虽然实现了交互，但很难达到整体效应。因为这种交互是有限的，限制在个别的范围内，由于学生

个体差异性的存在，教师很难掌握学生的真实情况，难以准确判断学生的学习情况。

任何事物都有双面性，在课件类型的选择上，课堂演示型与个别交互型就容易让开发者举棋不定，课件类别的多样性就更给开发者造成极大的困扰。

2. 教件与学件的选择

在多媒体融入教学的过程中，一般都强调要发挥多媒体的优势以增强课堂教学的有效性。计算机辅助教学离不开多媒体的运用，而多媒体所服务的对象是教师还是学生，也就是重教件还是重学件，是一个值得深思的问题。

重教件要求便于教师"教"，让教师摆脱重复单调的说教；重学件就要便于学生"学"，让学生摆脱枯燥的传统课堂。虽然这都有助于激发服务对象的能动性，有助于增强教学的有效性，但对象不同，侧重点不同，课件类型不同，对于开发者而言，这也是一大困扰。

（二）课件内容选择及数据采集的困境

课件内容是课件组成的重要元素，是课件必不可少的要素。多媒体教学发展到今天，虽然取得了一些成绩，但是我们也应该看到问题与不足。计算机辅助教学一般用于课堂教学，因而受到教学时间的限制，所以对课件内容的选择，是课件制作需要考虑的首要问题。

在多媒体教学盛行的教育趋势下，计算机辅助教学不应是随波逐流的形式化，课件的制作也不只是为了顺应趋势，重数量而忽略质量的做法是不可取的。我们要根据教学的实际需要，有目的性地制作课件，这就对课件内容的选择提出了更高的要求。在课件内容的选择方面，需要考虑的因素很多，包括所选内容的范围、内容的具体形式、内容的难易程度等，还要考虑所选内容是否能够得到多媒体的支持。此外，数据采集也是需要考虑的，数据的准确性及科学性对课件质量也有很大影响。

总之，要制作好一个课件，脚本是必需的，素材的收集也是不可或缺的。课件制作便是在脚本的支持下，对素材的整合。对教师来说，整合素材是费时费力的工作，好的课件离不开教师对课件的精心准备，然而课件所收到的效果却是未知的，并不一定与教师的付出成正比，这主要取决于课件内容的选择与数据的采集，如果内容选择不当或数据采集难度大，在很大程度上会影响课件教学优势的发挥。

(三)课件设计理论的困境

理论对于实践来说,具有指导意义。教学课件的属性决定了课件设计必须坚持两个理论的指导,即教学理论和系统设计理论。本节以教学理论为主进行论述。

1. 课件设计理论研究现状分析

当前教育改革正处于素质教育的大背景之下,需要从教育理论、教育模式上进行转变。课件教学作为现代教育的新形式,也理应从理论上更新。然而,要想彻底摆脱传统教育思想的束缚,适应教育理论的新变化,却困难重重。

受行为理论的影响,学生被动接收信息,教师负责知识的灌输,教师的任务便是提供外部刺激。如果以这种理论指导课件制作,教学形式没有大的变化,变的只是教学工具,课件成为教师向学生灌输知识的工具。但这并不是意味着在这种理论指导下的课件教学毫无意义,虽然在行为理论指导下的课件只是对学生进行知识的灌输,但是多媒体技术的丰富表现能力,对于学生而言,是不一样的视听觉刺激,从某种程度上来说,能够达到吸引学生注意力的效果,提升学生对教学内容的兴趣。尽管如此,我们切不可因此而忽略它的不足。我们应该与时俱进,以更加科学的理论指导实践。

2. 课件设计理论问题的提出

任何实践都离不开理论的指导,尤其是教育实践,更应该以科学的理论为基础。课件教学是一种先进的教学方式,也是未来教育发展的趋势,作为一种新型的教学方式,自然没有现成的用于指导课件设计的理论。对其理论的研究不在少数,但都还不够完善,还处于发展的阶段。对于现有的理论,无论是行为主义,还是认知主义学习理论,还是二者的兼容并蓄,还是其他理论,是否对于课件设计有指导价值,都需要我们在实践中逐步摸索,不断探讨。

(四)课件应用如何突破传统教学模式的困境

1. 课件应用突破传统教学模式的必要性

教育现代化的发展,加快了多媒体课件在教学中的应用。我们所说的计算机辅助教学,意味着计算机处于教学的从属地位,但随着时代的发展,计算机运用于教学的程度不断加深,以至取代传统教学模式。无论计算机辅助教学如何发展,我们应用的目的都是借助其优势提高教学质量。这就涉及一个值得深思的问题,即如何突破传统教学模式,发挥计算机的优势。

2. 课件应用突破传统教学模式需注意的问题

教学课件虽极具教学优势，融图像、文字、音频、视频、动画于一体，但并非完美无缺，通常会受开发者能力及软件质量等因素的影响，造成课件应用效果不佳。而传统常规的教学设备，也并非一无是处，在一定的情境下，这也是一部分教师不愿意选择课件而选择传统教学模式的原因。这就要求我们要具有一分为二看待问题的思想，在比较中权衡利弊，不能一味地偏执于某一种教学方式，这不符合教育发展的要求。所以，要突破传统教学模式，不仅要以课题和内容的选择作为突破口，还要突破教学方式，把握每种教学方式的独特性，避免机械地照搬教材，须在充分了解教学内容的基础上进行重组，以达到最佳教学效果。

（五）课件脚本设计者与课件制作者脱节的困境

1. 课件制作的一般形式

当前，随着课件地位的日益凸显，课件教学已成为教学的主流形式。课件的制作也日益普及和多样化。教学课件的制作一般有三种形式，即非教学人员独立设计制作、教师制作，以及教师与技术人员合作制作。

由非教学人员设计制作的课件，一般形式美观，内容也较丰富，但由于其缺乏教学经验，对教学内容和学生情况不够了解，对课件的制作重在形式，与教学缺乏必要的联系，在实际应用中的教学性较差。

完全由教师制作的课件，能够很好地弥补非专业教学人员设计的不足，其一般多由一线教师设计，故而在内容上与课堂和教学内容联系较为紧密，设计制作的课件教学性较强。但是由于专业所限，教师对软件制作技术的掌握不够好，导致课件画面效果欠佳，在一定程度上影响了教学效果。

由教师和技术人员合作完成的课件，一般由教师编写脚本，技术人员负责课件的技术处理。看似融合了前两种形式的优势，既符合教学性的要求，也能呈现较好的界面。但是不是意味着这一形式效果最佳呢？答案是否定的。优质的课件不仅应该贯穿教育理论、美学理论，还应该兼顾科学性、交互性、教学性原则，这几个方面应该是统一的。课件设计需要兼顾彼此，而这类课件形式的脚本设计者与课件制作者相分离，不同的主体对于以上理论与原则的把握程度存在差异性，这也很可能影响课件质量。

2. 课件脚本设计者与课件制作者脱节的原因与后果

针对当前课件制作的现状，面对课件制作者与教学的矛盾，如果二者不能很好地结合，或是相互之间缺乏沟通，都会影响课件的质量，最终影响教学效果。因此，如何摆脱课件脚本设计者与课件制作者脱节的现状，是课件设计面临的一大问题。

第四节 计算机辅助教学课件开发与制作的问题与对策

一、计算机辅助教学课件的开发设计概述

计算机辅助教学能否顺利开展，以及教学效果的好坏，在一定程度上与课件质量的优劣相关联。因此，课件制作必须从开发设计上把好关。

（一）课件开发设计的基本思想

课件是服务于教学活动的软件，其不仅可以作为教学素材的载体，还能够创设一种支持自主学习的情境。课件兼具教学与软件的特性是课件的重要特征。这就要求我们在进行课件设计时，要充分考虑其特性。一方面，以教育理论为指导，以培养学生的综合能力为目标进行课件的设计；另一方面，按照软件工程的方法组织、管理课件。

具体而言，课件的开发设计需要处理好四种关系。

其一，教师与学生的关系。课件是不同于传统教学模式的教学新形式，课件的开发设计也应该摆脱陈旧的以教师为主体的思想，遵循"以生为本"的设计理念，明确教学活动应以学生为中心。在课件各环节的设计中，将学生的需求置于首位，为学生自主性的发挥创设情境。

其二，学习内容与学习时间的关系。网络的发展带来了信息资源的空前繁盛，为丰富学生知识，开阔学生视野创造了条件。但课堂时间毕竟有限，要在有限的时间内让学生获取有价值的知识信息，就需要课件开发者高屋建瓴，有效处理学习内容与学习时间之间的关系，使课件所展示的内容具有高度的相关性和针对性。

其三，自主学习与学生能力的关系。现代教育理念鼓励学生自主学习，课件开发设计在为学生创设自主学习环境时，需要考虑学生的能力，不仅包括知识能力，还应该兼顾学生计算机操作能力，让不同的学生都能够进行自主学习。

其四，人与人、人与机的关系。课件教学使计算机代替了大部分的人力，机器与人的最大不同便在于机器缺乏感情，课件的开发设计要以学生为中心，

就要避免教学过程的机械化,要多考虑教师、学生之间的沟通,使学生能够通过计算机平台与教师进行交流,使教师通过计算机对学生信息的反馈,了解学生的实际情况,实现对学生的答疑、辅导、评价。

(二)课件开发设计的基本内容

课件设计是对课件内容及所要达到效果的规划,包括课件内容和呈现方式、教学理论和教学方法、课件目的、教学对象和运行环境等。课件设计是计算机辅助教学的需要,是提高课件质量的保障,也是计算机辅助教学得以顺利开展的基础。其目的是确保所设计的课件符合教学的要求,满足教学的需要,课件要具有科学性、教学性、程序性、艺术性等特征。

课件开发的关键在于设计,设计必须以先进的教学理念为指导。课件兼具教学与软件的特性,而教学是首要的,因此,课件设计必须将教学设计放在首位,确保教学的目标和方向。教学内容是与教学有关的信息,课件展示的内容与方式必须符合教学媒体使用的规律和信息转播理论,教学内容的选择以及难易程度应该满足学生的需求,符合学生的认知规律。

此外,课件作为软件,还需要考虑计算机软件运行的程序与规范,了解计算机内存使用情况,确保课件运行的稳定性和可靠性。运行的速度、界面和可操作性是课件设计需要考虑的基本内容。运行的速度依赖于课件所占用空间的大小、计算机的性能等客观因素。课件开发者对运行速度的优化,需要从课件占用空间大小上去控制;界面是课件给人的直观体验,开发者需要保证界面的整洁、美观,信息存储完整;艺术性是对课件界面及其内容的艺术加工,主要是对课件内容与形式的安排,重在从视听上给人以艺术体验,如画面的布局、背景、文字颜色等。

(三)课件开发设计的基本过程

课件开发设计是课件制作的准备阶段,设计的效果直接影响后续的制作质量。开发设计准备阶段一般需要经过两个环节,首先需要梳理知识,搜集素材,然后是对素材进行整合。素材并不限于文字内容,只要符合教学需要,与教学内容相关的信息都可以作为素材。这些信息可以是纯文字的,也可以是图片、音频、视频、动画等,至于这些素材的来源,也没有明确的规定。获取素材的方法有两个:一是直接获取,如从各种现成的素材库中提取,对于直接获取的素材,可以完全引入课件,也可以部分截取;二是间接获取,即借助多媒体工作制作获得。

收集素材之后,接下来便是对素材的整合,使其为教学内容服务。这一过程需要借助多媒体创作平台。在完成课件制作之后，便进入对软件的调试阶段，使之不断完善。完成以上操作，课件才可投入使用。投入使用并不意味着课件制作过程的结束，在使用过程中还需要对课件进行全面评价，包括对课件设计的效果、课件所达成的目标程度、课件内容与教学内容的关联度、学生的反馈等的评价，以最终衡量课件价值。

一般来说，教学评价分为形成性评价和总结性评价。

形成性评价又称过程性评价，贯穿于整个教学过程中，是在教学中为适时了解教师"教"和学生"学"的效果而进行的评价。在实际教学中，形成性评价运用要求教师科学合理地设计便于评比的参照物，即评价的标准——教学目标，为保证评价的准确性，可将教学目标分解为若干阶段性目标，并融于每堂课之中。在每一个阶段，教师根据学生学习目标达成的情况给予总结，以此判断这一阶段的教学效果。若学生完成了目标，则给予奖励；若没有完成，应及时总结经验、分析原因，根据教学实际情况调整教学行为，以确保下一阶段目标的完成。

总结性评价是教学的最终评价，相较于形成性评价，它是一种结果性评价。既然是结果，那么评价的时效性也就是在教学结束之后对整个教学目标的实现程度做出的评估，如期末测试。通过评价，检测学生学习达标情况，教学双方都能够真实地了解自身的实际状况，教师通过反思可更好地指导下一阶段的教学。

需要指出的是，两种评价标准不是一成不变的，而是会随着评价理念、评价内容等的变化而变化的。因此，评价标准只是一个参考，在实际教学中，教师必须结合实际情况来确定评价的标准。

课件属于教学软件的一种，因此用于教学的评价也同样适用于对课件的评价，形成性评价可贯穿于课件使用过程的始终，评价主体可以是开发人员、教师和学生；总结性评价适用于课件开发的结束阶段，旨在通过对课件指导教学的效果进行评价从而划分课件的等级。评价通常由相关专家来完成。

无论哪种评价，也无论是哪个阶段的评价，其目的都在于使课件更完善，提高课件的质量。

（四）课件开发设计的基本要求

课件是为实现既定教学目标而设计的，因而从其质量与教学效果来考虑，课件的设计需要符合一定的教学要求。

1. 科学性要求

教学是让学生获得学习经验与知识的过程，是促进学生发展的重要手段。因此，作为教学辅助手段的课件，在开发设计中应兼具科学性要求。其表现有以下两点：一是语言的科学性，主要是针对概念的描述准确、规范，课件内容适宜、科学，所表述的内容准确无误；二是所用素材准确的科学性。

2. 教育性要求

课件的设计必须具有意义，能够对学生起到教学和引导的作用。课件的教育性要求可以从以下几个方面体现。

直观性：课件所呈现的内容，要具体、直接，避免过于抽象或过于复杂，要便于学生对于知识的理解。

趣味性：课件的设计应避免枯燥，通过趣味性的设计以激发学生的兴趣，调动学生的积极性和主动性。

新颖性：课件的设计应跳出思维定式，敢于创新，素材的添置及内容的安排也应避免陈旧，要新颖、独特才能吸引学生更多的注意力。

启发性：启发性是课件的重要特征之一，具有启发性的课件才具有教育价值，课件设计应突出教学策略的引导性，使学生充分发挥主观能动性，从而有效获取知识。

针对性：课件的价值在于提升学生的知识能力及素养，所以必须坚持以学生为中心，坚持学生的主体地位，课件对于学生要有针对性。

3. 技术性要求

技术性是基于软件属性的要求，技术性要求可从以下几方面来体现。

交互性：交互性是计算机多媒体的基本特征，课件设计应充分挖掘多媒体软件的这一属性，最大限度地发挥其交互功能，实现课件的价值。

稳定性：稳定性是指课件应满足教学的需要，避免教学过程的失误，稳定性要求课件的制作科学严谨，投入使用的课件须进行严格的检验与调试，从而保证课件教学的顺利进行。

易操作性：对于用户而言，其需要具有一定的计算机基础知识与软件操作能力，而人具有差异性，能力水平参差不齐。如果课件的开发设计过程过于烦琐，不仅提高了用户门槛，而且也对有限的课堂教学造成困扰，用户将时间过多地用于软件操作上，违背了操作简便、快捷的要求。

合理性：从技术层面来说，合理性是对软件类型选择的要求，类型的选择应该根据具体课件而定，包括教学内容、需要呈现的方式等。

4. 艺术性要求

艺术性要求是从整体上对课件的要求，包含以下几个方面的内容。

画面艺术：课件一般都会图文并茂，在设计中，图片或动画的选择或制作应从艺术的视角出发，在多种画面进行组合时，要做到整体标准相对统一，在视觉上应给人以美感。

语言文字：在课件内容的组成中，语言文字占很大部分，文字的准确、规范是确保课件质量的基本要求，也是课件艺术性要求的一部分，提高语言的艺术性还应做到简明扼要。

声画效果：音频、视频也是课件的组成要素，其艺术性表现为声音动听、画面富有美感，除此之外，声音清晰、无杂音，也是使课件符合艺术性要求的基础。

二、计算机辅助教学课件开发与制作的问题

不同的课件开发者在课件的开发设计中遇到的问题不尽相同，只有找到引发问题的原因，才能提出有效对策，对课件进行不断改进。

由于课件开发制作离不开人、教育、技术三方面的相互作用，因而一切问题的根源就在于对其关系的认识不清与处理不当。具体而言，可归纳为以下两点。

（一）技术至上

在当今社会，现代化已融入现代社会生活的方方面面。教育现代化不仅是教育理念与现代化社会相适应，而且也包含着教学手段的现代化。随着信息技术的不断发展，学校教学设备不断更新，越来越多的教师倾向于对多媒体的应用。诚然，这是适应教育发展的必然趋势，但"技术至上"是对教育现代化理解的误区，不及时纠正，将会对教育带来负面影响。

人们对计算机辅助教学由最初的不理解、不接受，慢慢到发现多媒体课件的优势，经历了由抵触到欢迎的过程。与单调的书本知识相比，课件教学能够以生动的形式将枯燥、呆板、抽象的知识具体化、生动化，很容易吸引学生的注意力。正是基于此，教育者更多地将关注点放在了简单易学的教学课件上。

在这一教学背景的影响下，教育技术的功能被夸大，甚至有人认为掌握了先进的教育技术，就可以掌控课堂，乃至对教学的角色取而代之。一些教育管理者认为步入现代教育的关键在于引进现代技术，以及对教师的信息化培训，

简单地以教育信息技术的运用程度,尤其是以课件的使用程度作为衡量教师素质的标准,殊不知教学态度和教学效果才是根本,这种本末倒置的做法,不利于教师教学能力的提升。

在这种"技术至上"的思潮影响下,一些教师误认为教学离不开课件,而不考虑课件与教学内容适应与否。课件成为一部分教师弥补专业能力短板的重要手段而备受推崇。

不可否认,一些精心设计的课件,确实有弥补教师知识欠缺,提高教学效果的作用。但一味追求技术上的效果,将时间精力花费在烦琐的华而不实的精美素材上,教师忙于计算机演示而无暇顾及学生及课堂状态,沦为放映者的角色,学生专注于精美的课件形式而忽略学习内容。课件本该是教学的辅助手段和工具,却成为教学的主导,这种舍本逐末的做法,最终是无益于提升教学效果的。

在课件开发制作中,教师或开发者应该明确技术的定位,将技术始终作为教学的手段,而非教学的目的。这就要求教师或开发者将技术性的工具与人的创造性思维相融合,使教师与学生在现代教育技术的辅助下,进行人性化的学习。

(二)有事无人

技术对于教育的作用在于优化教学手段、提高教学质量。在技术促进教育的过程中,人们看到的只是技术带有的"物"的特质,而在一定程度上忽视了作为主体的人。技术的使用者是人,作用对象也是人,技术使用的目的在于促进人的个性化发展。所以,单纯地依靠技术无法达成人的成长这一目标。人、教育、技术是影响课件开发制作的相关因素,人的发展是课件开发的目标,技术是课件开发的工具,服务和服从于教育发展的需要,教育是人的发展的重要手段,与技术相互促进。显而易见,技术与人的主次地位不能颠倒。

随着现代教育的发展,课件教学已然成为当前教学的主要形式,被誉为"教育改革的突破口和制高点"。这就造成在具体的课件开发制作中,人们更多地注重实物媒体,而缺乏对人的关照,忽视了学生作为学习主体的需要。其表现为对于学生的能力和方法缺乏研究和解读,专注于知识点的呈现是否全面,图片、视频等素材是否丰富,课件的动画效果是否绚丽等技术方面的问题上,师生间少了情感的交流与沟通,课件制作缺乏针对性。这种课件流于形式,为课件制作而制作,表面上是技术服务于人,实质上却是人受技术的控制。

总而言之,教师在开发制作教学课件时,需要综合学生的基本情况和教学实际情况，了解学生的需求与潜在能力，重视课件教学中师生情感交流与互动，进行合理设计，如果忽略了教学主体，也就是忽略了学生的能动性，这种"有事无人"的思维方式，终将使教学过程变得"程序化""机械化"，也将导致学生的思想僵化。

三、计算机辅助教学课件开发与制作的对策

针对课件开发制作中的一系列问题，笔者进行了具体策略的探讨，以对提升课件开发制作的有效性有所帮助。

（一）多种课件类型的融合

不同的课件类型有着自身的优势，课件开发者需要取长补短，在具体的课件制作中，可兼顾多种课件类型。这就需要开发者对不同的课件类型有着充分的了解，以便对不同知识点进行不同的处理，如对于相对简单的、学生理解起来较为容易的知识，可选择演示型课件；而对于理解起来难度较大的知识就可制作个体交互性课件。通过创设不同的教学情境，通过问题的引导，激发学生思维的能动性，让学生在交互讨论中发现规律，并养成自主学习和思考的习惯。此外，开发者还可以在课件中设置演示型的知识单元，作为对课件教学内容的补充，演示单元的设置以趣味性的练习、问答或游戏为主，针对教学的需要，在演示界面与教学界面灵活转换，以提高组织教学的有效性。总之，课件类型的选择，以及课件形式的选择，取决于具体的教学实际情况，总的要求是要优势互补。

（二）偏重于学件的制作

课件设计的最终目的在于提高教学效果，而教学效果取决于学生对于知识的掌握程度。因此，对于教件与学件的选择问题，笔者倾向于以学生为方向的学件设计。计算机辅助教学的作用可归纳为以下两点：一是学习场景的创设，为学生对知识的理解与建构提供了可能；二是学习资料的呈现，基于计算机的存储功能，将与学习相关的资料存储于教学软件中，便于学生课内外自主获取，不仅拓展了学生的知识面，也有助于学生加深对于课堂知识的理解。

1. 制定一定的标准

课件的设计必须以一定的标准为前提，在一定标准的约束下，才能保证课件制作的有序化、规范化。之所以说是一定的标准，一是因为课件设计在我国发展时间毕竟有限，发展还不是很成熟，各种理论还处于不断完善的阶段，科

学标准的制定也需要经过一段时间的摸索总结才能完成。所以，指导性的标准更符合实事求是的原则。二是因为我国当前推行素质教育，素质教育的核心就是发挥师生的能动性。体现在课件设计中，就是教师可根据教学实际，学生的特点、能力水平、需求，乃至教师自身的教学风格设计制作课件。一定的标准为教师灵活开发制作课件留有自由发展的空间。

2. 建立数据资料库

课件设计离不开足够的数据资料，资料的作用在于充实课件内容、补充教学知识，使抽象的教学内容具体化、形象化，或是将繁杂的内容细化、层次化，便于学生理解和接受。这些资料可能是一张图，一段通俗的话语，抑或是动态图等，如果没有数据储备，临时获取费时费力。教学数据库的作用便在于此。通过专门收集相关资料，并把各学校、各单位的数据资料集中管理并建立检索系统用于查询，将提高课件开发制作的效率。

3. 进行人员的培训和教学系统的开发

计算机辅助教学的推广，对课件的需求逐渐增大，教师作为课件教学的实施者，不仅需要掌握课件的使用技术，更重要的是提升课件开发与制作的能力。这对教师的计算机操作能力提出了更高的要求。在当前我国教师队伍中，教师对计算机知识掌握程度参差不齐，改变这一现状的直接措施便是加强教师培训。

首先，要向教师普及计算机的基本操作知识，使教师掌握运用计算机软件进行简单的课件设计的技巧。其次，教师要学会通过网络和数据库搜集教学素材。课件制作需要素材的支撑，教师要具备根据教学需要灵活获取教学信息的能力，并学会对搜集到的资料进行有效处理。再次，教师要掌握基本的软件维护和修护的方法，才能保证课件制作的顺利进行。最后，教师要学会自行开发课件。自行开发的课件更符合教师本人的教学习惯和教学实际，更具个性化与针对性，有助于实现课件脚本编写者与课件制作者的合二为一。

第四章 计算机辅助教学模式

第一节 教学模式与传统教学模式

一、教学模式的定义

"模式"一词是外来词，其英文单词为"model"，"模型""范式""典型"也是由"model"翻译而来的。"模式"一词，最先并不是运用于教育领域的，美国学者乔伊斯和韦尔将其与教育结合，在《教学模式》一书中，专门系统地研究了各种教学模式。一时间，对教学模式的研究成为教育学者关注的重要课题。

时至今日，对教学模式概念的界定尚未形成统一的认识。乔伊斯和韦尔认为，教学模式是指导教师和学生教与学的范型或计划。这种认识并不全面，只是对教学模式表面的认识，忽略了其所蕴含的教学思想或理论。此后，美国两位著名的比较政治学者比尔和哈德格雷夫对模式的概念进行了总结，认为模式是再现现实的一种理论性的、简化的形式。一是模式是对现实的抽象概括；二是模式是一种理论，而非工艺性方法、方案或计划；三是模式是简化的形式。相比较之下，笔者认为比尔和哈德格雷夫的观点更能科学揭示模式的本质。

我国学者对模式的定义主要有以下几种：一是方法说，有人认为模式就是方法，还有人认为模式是多种方法的综合；二是联系与区别说，即在不同的时间、空间、背景下采取不同的方法，形成不同的空间结构和时间序列，就是不同的模式；三是模式与教学结构说，认为模式与教学结构紧密相连，是在一定的教学思想指导下，对教学客观结构做出的主观选择。

以上几种对模式的定义，在一定程度上虽然反映了模式的本质，但不够科学，因而不能用于对教学模式的科学界定。只有既考虑逻辑学对下定义的要求，又注意吸收诸如系统论等新科学研究成果，研究古今中外教育史上教学模式的发展规律，吸取现代教学模式理论的精华，并对教学经验进行分析、综合后，

才能对教学模式进行比较贴切的定义。

笔者认为对教学模式的概念进行如下理解较为妥当：教学模式是在一定教学思想或教学理论指导下建立起来的，较为稳定的教学活动结构框架和活动程序。"结构框架"意在凸显教学模式从宏观上把握教学活动整体及各要素之间内部关系的功能；"活动程序"意在突出教学模式的有序性和可行性。

二、教学模式的发展方向

（一）重能力趋势

不同于以洛克为代表的"形式训练"论，以赫尔巴特理论为代表的传统教学论在注重知识传授的同时，肯定了发展能力的意义，但由于认识的局限，其并没有把能力培养放在突出的位置上。随着现代教育的发展，能力培养被教育学者给予了更多的关注，知识与能力成为教学的双重任务。知识传授与能力发展主次的问题，也成为人们探讨的话题。有的人认为教学的过程在于知识的传授，因而教学任务当以传授知识为主，也有人认为知识传授与能力发展并不矛盾，二者可以并重，还有人认为传授知识的目的是提升能力，因而，应将发展能力作为教学的首要任务和基本任务。

持以上三种观点的人分别代表三类派别，即"保守派""温和派""激进派"。虽然各派关注的侧重点不同，但有两点是一致的。一是都认可知识与能力的重要性，认为教学中既要传授知识，又要培养能力，尤其是自学能力；二是知识、能力不是独立的个体，二者之间相互联系、相互影响。能力既是学习知识的条件，也是知识的体现，知识既是提升能力的基础，也是动力。

基于以上观点，现代教育家在研究和表达教学模式时无不把发展学生的能力放在重要位置上。尤其是现代社会的不断发展，以及竞争激烈化程度的加剧，社会对人才的要求越来越高，能力成为重要的考核指标，是获取竞争优势的关键。无论是学习能力、创造能力、思维能力，抑或是协调能力、沟通能力、社交能力、其他能力等，都是个人发展必须具备的能力，对这些能力的培养逐渐被人们所重视。在设计或归纳教学模式时，能力已成为不容忽视的一项内容。

（二）重学生趋势

教学模式服务于教学过程，任何一种教学模式，都是基于教学而设计的。一般的教学模式，尤其是有价值的教学模式，都建立在对学生学习过程的认识上。在这一点上需要注意的是，尽管关注的是学生，但不能因此就认为其承认学生在教学中的主体地位。二者并不是充要关系。关心学生的学习，有可能其目的是为教师教学服务。比如，赫尔巴特研究学生的学习，不是为了让学生达到更好的学习效果，而是为了更好地发挥教师在教学过程中的权威作用。

纵观世界各国的教育史，无不经历了轻视教师主导作用、轻视学生主体作用和能动作用的错误过程。随着认识的不断深化，以及教学理念的不断科学化，人们认识到所犯的错误，于是学生地位开始提升。重视学生的主体地位成了当代教学模式的共同特征，一些教学模式甚至直接把承认学生的主体地位和能动作用作为建立和推广自己的理论体系的前提。不论其动机如何，以学生为中心，坚持学生的主体地位，对当前教育领域来说，有着进步意义。

学生主体地位的确立，不仅适用于一般的课堂教学模式，素质教育、终身教育乃至基于网络的计算机教学，都要求发挥学生的主体作用。以学生为中心的教学模式符合教育的发展规律与要求。可以预见，未来教学模式将由教师教学生学，转变为教师引导学生学。

三、教学模式的结构元素

（一）主题

主题是内容的集中体现，教学模式的主题即教学模式所要体现的内容，也可以理解为教学模式所渗透的思想。主题是教学模式存在所依赖的教学思想或理论。主题与其他结构元素的关系是，主题既可以独立于其他结构元素之外，也可以渗透或蕴含在其他结构元素之中。从另一个角度上来说，主题是其他结构元素存在的前提，其他结构元素依据主题而建立。以信息加工教学模式为例，该模式的主题结构元素便是信息加工理论。

（二）目标

任何一项活动的开展，都离不开一定的目标的引导，教学模式也是如此。不同的教学模式指向不同的目标，而教学模式的目标一般与教学活动的目标是一致的。也就是说，任何教学模式的出现都不是无意识的，而都带有特定的目的，都是为完成一定的教学目标。在教学模式的结构元素中，目标处于核心地位，对其他结构元素造成直接影响。如探索教学模式，其目标结构元素是培养学生探索的思维、分析问题的能力；而无指导者教学模式，其目标结构元素是培养学生自主学习能力。

（三）条件

条件是促使教学模式得以最大限度发挥作用的各种因素。在构成教学模式的各个结构元素中，条件是必不可少的，任何教学模式的实施都离不开条件发挥相应的作用。在教学活动中，影响教学模式效果发挥的条件结构元素是多方面的，包括主要参与者教师与学生，还包括教学内容、教学工具、教学方法、教学环境、教学设备等。

（四）程序

教学模式是对教学思想的具体化，因而，必须通过一套与之相符的独特的操作程序将其体现出来。程序便是对教学模式具体实施的过程与步骤的体现，即具体地说明教学的逻辑步骤、各步骤完成的任务等。程序结构元素的设置便于教学模式的操作者按照教学模式的步骤，对该模式进行掌握和实施。如实用主义教学模式，其程序分为情境、问题、假设、解决、验证。操作者可按此步骤，有序完成教学任务。

（五）评价

教学活动的评价是为了检验教与学的效果，通过对评价结果的分析，找出问题与不足，进而改善，以提高教学质量。评价方法、标准等是评价所包含的一般内容。教学模式的评价结构元素，其作用也大致如此。作为教学模式的一个重要结构元素，其作用不容忽视。不同的教学模式，教学目标、方法各不相同，其所产生的教学效果也是有差异的，因而，评价方法和标准也各异。我们不能用某一教学模式的标准、方法等，去衡量其他教学模式。每一个教学模式都应该设置自己的评价方法和标准。

教学模式的结构元素之间相互依存、相互作用。这五个结构元素构成了一般教学模式的基本框架。至于各部分的内容，则依据教学模式的不同而相应地会有所不同。

四、传统教学模式概述

（一）传统教学模式的形成和发展

自教育产生之日起，我国便开始了漫长的传统教学。在传统教学过程中逐渐形成一套与当时社会生产力相符的教学模式，我们称之为传统教学模式。如教育家孔子"学""思""习""行"的观点。又如，《礼记·中庸》提倡"博学之，审问之，慎思之，明辨之，笃行之"。再如，荀子主张"闻""见""知""行"的学习过程。这些思想都可视为教学模式的雏形。

教学模式从外国传入我国，并在我国扎根、发展，经历了漫长的历程。而我国真正意义上对教学模式的研究，始于1981年。自此，不同时期的教育学家开始致力于教学模式的探究，并取得了一定的成绩，推动了教学模式在我国的发展。笔者认为，教学模式从被正式研究至今，大致可划分为三个时期：1981—1988年，以教学模式的介绍与引进为主；1989—1994年，以教学模式的理论探讨为主；1995年至今，以新型教学模式的建构为主。受不同时期的社会经济条件，以及人们认识水平层次不同的限制，教学模式经历了一个发展的过程。有学者通过系统的研究，总结出几种主要的教学模式，如"传递—接受式""自学—辅导式""引导—发现式""示范—模仿式"和"集体教学模式"。

（二）传统教学模式的特点

传统教学模式是在传统的教学思想影响下产生的，符合当时的生产力发展水平以及人的认识水平。纵观我国学校教育，普遍采用的是"传递—接受式"的教学模式。以该教学模式为例，对传统教学模式的探讨如下。

1. 重视知识的传授，忽视能力的培养

在传统教学模式指导下的教学活动，几乎都是在课堂上完成的。课堂是知识学习的主要阵地，教学活动以知识传授为目标，围绕知识点而展开。整个教学过程几乎都是对学生知识的灌输，教师过多关注知识的传授，为完成教学任务而教学，而忽略了对学生的关注，忽略了学生思维能力与能动性的发挥。以"传递—接受式"为代表的传统教学模式，强调教学的目的是学生对知识的接收和掌握。教师的教学任务是完成知识的传递，学生学习的任务是消化、理解其所接收的知识。这一模式忽视了学生的能动性，把学生当作知识灌输的对象、外部刺激的接收器、前人知识与经验的存储器，容易将学生培养成千篇一律的没有自己的思想的机器。

2. 重视教师的讲解，忽视学生的理解

一直以来，教师都被视为知识与智慧的代表，为人师表、尊师重道自古以来都是对教师的至高赞誉，也是对教师地位的推崇。在教学过程中，教师肩负着"传道、授业、解惑"的职责。而传统教学模式过于强调教师的这一职责，即过于重视教师对知识的讲解。在这一教学模式的影响下，教师处于高高在上的位置，对学生居高临下，再加上传统思想的影响，教师成为教学过程的主宰者，

成为课堂的中心,学生听从于教师的安排。这体现在教学方法上,便是教师不停地向学生灌输知识。

传统教学模式虽也设置了师生交流的环节,但交流仅限于教师针对学生所学知识或内容进行提问,学生根据其所学知识,或课本内容给予回答,这种一问一答式交流,对学习效果提升作用不大。有的学生畏惧教师的权威,不敢主动质疑或是提问。在传统教学模式指导下的教学活动,缺少对学生需求的关注,教师需要按照教学模式的设定按部就班地完成教学步骤,无暇顾及学生的理解情况,而教师为了维持教学秩序,树立教师的威信,除非必要,一般很少允许教学过程被学生打断。长此以往,学生的思维被禁锢,创新能力、思维能力被扼杀,养成不善于思考的习惯。

3. 重视成绩的高低,忽视学生的全面发展

由于评价是构成教学模式重要的结构元素之一,评价的地位与作用也越来越受到教育者的重视。评价既可以通过作业的完成情况、准确率来体现,也可以通过考试的成绩来衡量。受我国人才选拔制度,即高考的影响,以考试成绩为主的评价方式,逐渐成为衡量教师教学效果及学生知识掌握情况的标准。教学模式围绕成绩的提升,导致教师为成绩而教,学生为成绩而学,只重视对知识的机械掌握,缺乏思考和探索精神,造成大量的"高分低能"的学生。

传统教学模式重视成绩的特点,使很多学生只看到成绩的重要性,将成绩作为学习的动力,而忽视自身的全面发展。为获得提高成绩的捷径,很多学生两耳不闻窗外事,一头扎进书本中,或是把自己的阅读范围局限于大量的教学辅导书籍,寄希望于从题海中寻找提升成绩的捷径。虽然成绩可能一时得以提高,但培养出来的是只会考试的机器,综合能力却不强,创新能力更是不足。

五、传统教学模式的不足

自孔子讲学形成我国传统教学模式的雏形以来,传统教学模式对我国学校教育影响深远,为当时乃至后来很长一段时期的文化传播与人性化教育做出了不朽的贡献。

进入近现代社会以后,我国逐渐受到西方教学模式的影响,较为典型的教学模式是以德国教育家赫尔巴特为代表的"从课中学"的教学模式。这一教学模式分为四个阶段:第一个阶段是新知识的传授,即教师系统地讲授新知识;第二个阶段是以新固旧,即将新、旧知识相互联系起来,以旧知识引出新知识,以新知识巩固旧知识,在新旧知识间建立有机联系;第三个阶段是总结归纳,

即教师对所教知识的概括和结论,便于学生对知识的整体把握;第四个阶段寓学于用,即让学生把知识应用于实际,通常以答问和作业的形式进行。

这四个阶段也可以归纳为,明了—联想—系统—方法。

基于这种教学模式,尤其是在当时特定的社会背景下,学校教育也培养了一批祖国的栋梁,成为推动社会发展与进步功不可没的重要人才。然而,在21世纪的今天,科学技术发展突飞猛进,社会竞争激烈程度与日俱增,社会对人才的要求更加多样化,对人才培养的传统教学模式,已不适用于现代信息化社会的需要。其不足之处有以下几个方面。

(一)封闭性

封闭性表现为教学仅围绕对书本知识的传授,一切以知识传授为中心,以成绩的提升为目的,教师为成绩而教,学生为成绩而学,对知识的应用也仅限于课后练习及考试,忽视了教学的最终目的应该是将所学知识用于指导实践。

在缺乏与社会生活相联系的教学模式的指导下,教师照本宣科,无视学生的学习能力与理解能力,对于与所教知识关系不大的内容,教师避而不提;学生机械化接受,对所学内容缺乏思考,而且对学习以外的知识充耳不闻,整个教学环节与社会实践脱节。

受传统教学模式思想的影响,教师一切以书本为中心,认为学生只要吃透书本知识,便能在考试中以不变应万变,取得好的成绩。然而,在教学过程中,教师也容易陷入这样一种误区,即认为自己所教等同于学生所学,只要自己对知识的理解到位,讲解清楚,学生就能掌握同样的知识。这是对学生不负责的表现,忽略了学生的能力水平,没有做到从学生的实际出发。

在教师的潜意识中存在着一种不言自明的教学观念,认为教学就是教师对所学知识进行精细的、系统的加工处理,然后以最简洁的、最便于记忆的结论呈现给学生。这也是对教学的一种误区。现代教学理念强调学生是教学的主体,因而,无论教师对知识进行何种优化处理,也不论教师得出的结论如何精炼、易于记忆,如果忽略学生个人的加工过程,都将是无法使学生牢固掌握的。在传统教学模式中,教师的这种越俎代庖行为,表面看是为学生好,便于学生对知识的记忆,实则是剥夺了学生自由发展的权利。

(二)片面性

传统教学模式主张教师对课堂的绝对控制,强调教师在教学过程中的主导作用,采取的教学方法也是固定而单调的教师"一言堂",教学内容、教学进度、教学目标、教学评价等也都严格遵循教学模式的要求。这种毫无针对性的教学

局面，使传统教学失去了因为学生差异性的存在而呈现的丰富性和多元性。在"一对多"的教学环境中，一个教师面对的是众多的学生，人与人之间差异性的存在，造成不同的学生有着不同的学习能力、学习态度，以及知识水平与潜力，要实现教育的均衡发展，使不同层次的学生都能学有所获、学有所成、取得进步，需要教师分而治之，针对不同学生采取不同的教学方法。而传统教学模式恰恰忽略了学生差异性的存在，使因材施教、均衡发展成为无法落实的空谈。

学生差异性是一种天然的宝贵的教学资源，对于它的存在，若合理地加以利用，将为教学过程增添不少活力。而传统教学模式，无视学生的差异，以"一统天下"的标准对待不同的学生个体，是片面性的表现。其导致学生的个性被束缚、被埋没。

（三）机械性

传统的教学模式重视教师对教学的主导作用，过分强调按照统一的标准开展教学活动，缺乏创新意识。教师的作用便在于对统一标准的执行，学生则只能被动适应。在教学方法的选择上，过于单一，机械地为教学而教学。多采用教师教、学生学的被动教学方法，针对某一知识点，教师机械重复地教，学生机械重复地学。无法做到从学生的实际出发，因而缺乏针对性。

除此之外，受传统教学模式以教师为中心的影响，为完成教学进度，教师对教学活动过多干预，一味关注对于知识的灌输，而对学生的个性特征、学习能力及知识的接收与理解能力视而不见，一节课讲授太多知识，或是讲课速度过快，造成学生在课堂上被动地紧随教师的步伐，没时间消化知识，或是忙于记笔记而忽视了听讲，这都不利于学生对知识的掌握。这样的课堂教学机械、呆板，枯燥乏味，学生机械地听从教师的安排，缺乏自主性，扼杀了学生的学习积极性、主动性，阻碍了学生创新思维及创新意识的发展。

（四）权威性

教师一贯给人一种威严感，传统教学理念视教师为教学的权威，主张学生对教师的服从。在这种思想的影响下，很少有学生对教学内容产生疑问，很少有学生主动探究教学内容，大多按照教师的安排，被动地接受教师传授的知识、信息。教师对课堂的主导表现为，课堂以教师为中心，教什么以及如何教，都由教师来决定。从课堂的开始至结束，大部分时间都是教师一个人的独白，课堂成为教师演说的舞台。

教师很少关注学生的需求，也很少给学生思考的时间，经常主动告知学生正确答案，这样从表面上看提高了课堂效率，但是容易让学生产生依赖心理，不利于学生独立思考习惯的养成。没有经过思考，对知识的理解是不深刻的，不利于学生智力和个性的长期发展。教师即使提问，让学生思考，也只是简单的象征性的提问，而没有针对学生的个性差异设计有针对性的问题，不利于促进学生的创造性思维的发展。

第二节 计算机辅助教学模式的特点、发展与类型

在信息化社会背景下，以计算机为代表的多媒体不断运用于教学中。计算机多媒体是通过计算机操作技术向计算机输入指令，借助鼠标、键盘等输出文字、图片、音视频等供人使用的一种形式，其最大特点是人机互动。计算机辅助教学便是借助计算机多媒体课件集声音、文字、动画、视频于一体的特点来服务于教学活动的。这一教学模式的优势，一是节省师生时间，通过课件展示，省去了教师不必要的课堂板书，也省去了学生在课堂上记笔记，基于多媒体课件人机互动的特点，学生能够有效参与课堂练习和实践。二是在计算机辅助教学中，基于教学课件的展示，呈现内容丰富、生动的教学内容，有效吸引了学生的注意力，激发了学生的学习热情，在交互学习中，有助于实现知识的个性化建构。计算机辅助教学模式已成为当代学校教育使用较为广泛的一种教学模式。对该模式的研究具有重要意义。

一、计算机辅助教学模式的特点

计算机辅助教学模式，即在传统的教学过程中，借助计算机多媒体的相关功能为教学服务的一种教学模式，能够为教学提供人机互动的交互环境，是一种相对来说有进步意义的教学形式。计算机辅助教学模式是对传统教学模式的改革，是一种新型的多媒体教学手段，能够在一定程度上弥补传统教学模式中的不足。其特点主要体现在以下几个方面。

（一）学生获取知识范围的延伸

在传统教学模式下，一方面，受传统教学思想的影响，教师以知识传授为主，所传授知识也仅限于书本知识，与教学内容相关的其他学科知识则涉及较少，学生因此认为只要掌握书本知识即可，很少主动涉猎其他知识；另一方面，受条件的限制，学生获取知识的途径有限，主要通过教师讲授或是以书本或学习资料为主。计算机辅助教学模式作为一种新型的教学模式，在强调知识的同时，

能力培养也被提升到重要位置。

计算机辅助教学模式是一种以学生为中心，以培养学生自主学习能力为核心的教学模式。在这一教学模式的引导下，教师、教材不再是学生获取知识的主要途径。计算机的网络化为学生获取丰富知识提供了便利条件。通过课件、光盘和网络学习，学生视野得以开阔，学习积极性不断提升。与传统教学模式中以教师讲授为主相比，计算机辅助教学模式摒弃了对知识的灌输，而强调对学生能力的培养，即突出学生分析和解决问题的综合能力、思维能力与创新能力。此外，在信息化社会，知识更新速度快，教师和学生都需要不断学习，终身教育将成为教育发展的趋势。

（二）学生学习方式的转变

在传统教学模式中，课堂教学以教师讲、学生听为主，这是一种典型的知识灌输与被动学习的过程，不利于学生能动性和积极性的发挥。而计算机辅助教学模式突破了传统教学模式的弊端，在教学过程中重视学生的个性差异，强调以学生为中心的教学活动。计算机辅助教学模式为学生提供了便于交流互动的良好环境，不仅丰富了教学内容，改变了传统课堂教学活动的沉闷与单调，多种形式的交互，还使教学活动变得生动、富有活力。学生的能动性与学习热情得以激发。

此外。计算机辅助教学模式赋予了学生更多的自主性，借助网络资源共享的优势，除了正常的课堂教学以外，在课外教师也可共享更多的教学资源，供学生参考、学习，学生能够根据自身兴趣、特长、能力等自主选择学习内容，灵活安排学习时间与控制学习进度，还可以通过网络交流平台，与教师或其他学生分享学习心得，或寻求帮助等，从而获得能力的提升。这些都是在计算机辅助教学模式下能够完成的。与传统教学模式学生在学习过程中处于"等、靠"的被动状态相比，计算机辅助教学模式激发了学生学习的积极性，使学习变成学生主动的行为。

（三）教师教学职能的转变

传统教学模式使教师教学因循守旧，按部就班地对学生进行机械式的知识传授。计算机辅助教学模式在教学中的应用，不仅丰富了教学手段，解放了教师的双手，也改变了教师的教学思想，使教师职能在一定程度上发生变化。教师的职能不仅仅是教授书本知识，使学生掌握知识，理解、消化知识，并能够灵活地对所学知识加以利用，还要真正体现教育过程中的教书育人的理念。授人以鱼不如授人以渔，知识的传授固然重要，而教会学生如何学习、如何获取知识更重要。培养学生自主学习能力、探究能力，是教师职能的又一体现。

计算机技术与教学的结合，对教师的能力也提出了更高的要求，教师不仅要具有专业的学科知识、教学能力，还要熟练掌握计算机技术、软件制作技术等，更重要的是具备对教学信息加工处理的能力，使之与计算机辅助教学模式完美融合，为学生自主学习、合作研究创造良好的条件。

二、计算机辅助教学模式的发展

计算机的出现标志着社会生产力的又一次巨大变革。而将计算机技术与教学相结合，更是教育实践的一次重要突破。计算机辅助教学模式自20世纪80年代引入我国以来，对教学方式和教学模式的改变产生了积极的影响。受经济与技术条件以及人的认识需求的限制，计算机在教学中的运用也受到一定的制约。为此，我们需要在不断的创新与完善过程中，提升计算机辅助教学模式的价值。未来，计算机辅助教学的发展趋势如下。

（一）智能计算机辅助教学模式

人工智能已成为现代社会的标志，计算机辅助教学将走向人工智能模式是毋庸置疑的。智能计算机辅助教学是智能化教学的体现。任何教学模式的发展都离不开一定教育理论的指导，智能计算机辅助教学模式也是如此。作为计算机辅助教学的进一步发展，智能化计算机辅助教学的实现是以认知学为理论基础的。因而，它是将人工智能技术应用于计算机辅助教学的一种更为先进的教学模式。

智能计算机辅助教学模式拥有计算机辅助教学所具有的人机交互，文、图、声、像并茂的特点。此外，在它所呈现的教学模式中，教学内容与教学策略是分开的。在教学开始前，其借助计算机可存储较大数据量的功能，建立学生数据库信息，对学生信息进行智能识别，包括学生的学习能力及认知能力等，通过智能系统的判断，动态生成适合于个性化教学的方法。在教学过程中，其对学生的学习过程与学习状态进行全程监控，通过智能诊断机制衡量学生的学习水平。对于学生在学习过程中出现的问题或错误，进行智能化的数据统计与分析，将分析结果及时地反馈给教师和学生。对于学生，其在展示原因与结果的同时，向不同的学生提出个性化的更改建议、学习方法等；而对于教师，其智能地根据反馈信息得出结论，向教师指出教学中存在的问题与不足，提供有关教学重点、方式、测试重点、题型的建议等。

（二）网络计算机辅助教学模式

计算机辅助教学是通过组织课件，以计算机为载体，来向学生呈现丰富教学内容的教学形式。这种教学模式通常借助单台计算机就能够完成教学活动。而网络计算机辅助教学模式能够借助互联网的优势，为教学提供便利。同时，其还能够避免在单机情况下学生独立学习的不足，如缺乏合作意识、竞争意识等。在网络模式下，学生不仅能够自主学习，还能够与他人或教师形成交互关系，从而有助于学生团队意识、合作意识，乃至竞争意识的形成。

由此，我们可以简单地将网络计算机辅助教学模式理解为，借助互联网实现师生交流的教学模式，有助于对学生分析、综合、评价等认知能力的培养。

网络计算机辅助教学模式实施的前提是要有网络的支持。一般网络计算机辅助教学模式可利用的网络形式有两种：一种是校园局域网；另一种是国际互联网。该教学模式的特点是，既可以实现个性化教学，也可以开展基于协助、探讨的合作教学。与传统计算机辅助教学模式相比，网络计算机辅助教学模式能够克服时间、空间及地域的限制，教师将教学内容上传至服务器之后，学生通过使用浏览器进入相应的网站，或者是在客户端登录，才可以获得共享的资源，实现对远程教学内容的学习，以及对网站内的教学资源随心所欲地调用。

网络计算机辅助教学模式既保留了基于单机的计算机辅助教学的优势，而又有所发展，因而，随着互联网技术的普及，其应用也将越来越广泛。

（三）网络与智能相结合的计算机辅助教学模式

网络与智能相结合的计算机辅助教学模式，简单地说是在网络环境支持下的智能计算机辅助教学系统，是在网络计算机辅助教学模式与智能计算机辅助教学模式的优势互补基础上发展而来的一种教学模式。因而，其具有网络和智能双重特点，其优势自然是不言自明的，是一种更适合现代教学的新型教学模式。

该教学模式能够最大限度地模拟教学专家的教学特色，实现对学生的智能化分析，掌握学生的认知水平，进而有针对性地选择相应的教学策略，对学生进行个性化教学。这一教学模式主要分为四个模块。第一，领域知识模块，不仅包含系统所要传授给学生的知识，还决定了教学交互过程的内容，也决定了教学目标的结构。这一模块又由三个组件构成：一是用户接口，是用户交互的通道；二是推理机制，供学生思考问题、发展思维；三是知识库，为解决问题提供所需素材。第二，学生模型模块，记录学生的学习状况，以掌握学生对知识的掌握情况，包括学生知识状态、认知特点和个性特点等。第三，教师模块，为教师教学提供相应的方法、思路,以及策略等。第四,智能人机接口模块,是实现人机互动的窗口,为人机交互服务。

在网络智能计算机辅助教学模式中,学生通过计算机登录支持网络智能计算机辅助教学模式的服务器。基于这一教学模式的系统,自动按学生不同的认知水平,有针对性地准备不同难度的教学内容,并对学生的学习情况进行实时监测,在教学结束时,系统通过测试,来评估学生对知识的掌握程度,根据学生掌握程度的不同层次,为其下次学习提供更有针对性的内容,并向学生提出进一步的学习内容的建议,以起到查漏补缺的作用。此外,教师也可以登录系统检查学生的学习情况,有针对性地对教学内容、测试内容进行更新。学生也可以与在线的其他学生进行讨论,实现共同进步。

三、计算机辅助教学模式的类型

计算机辅助教学模式形式多样,从不同的角度来看,可以划分为不同的类型。从载体的角度来看,有软件计算机辅助教学模式及无软件计算机辅助教学模式;从教学方法的角度来看,有问答模式、探究模式、交互模式;从教学服务对象的角度来看,有以教为主的计算机辅助教学模式和以学为主的计算机辅助教学模式。笔者就教学服务对象的不同所划分的教学模式展开阐述。

(一)以教为主的计算机辅助教学模式

以教为主的计算机辅助教学模式主要包含以下两种类型。

1. 演示型教学模式

演示型教学模式,即教师借助计算机设备与技术,将教学目标、教学内容、教学重难点、教学方法等主要信息,通过多媒体等形式直观地呈现给学生,学生通过观看教师的一系列操作,配合教师完成既定的教学任务。

在这种教学模式中,教师的职能在于对各种多媒体形式的选择与利用,以及对教学内容的组织,以发挥出计算机辅助教学模式的最大作用。这也是当前使用较为广泛的一种模式。其优势在于增加课堂教学的密度,向学生呈现的教学内容生动、形象、丰富且多样化,能给予学生强烈的视听觉冲击,从而获得较好的学习效果。

2. 练习型教学模式

练习的过程既是知识应用的过程,也是检验学生学习效果的过程。练习型教学模式是教师在备课过程中针对教学重难点,设计具有针对性与代表性的练

习软件，然后借助计算机将所设计的练习呈现给学生，让学生作答。

在这一过程中，教师能够全面了解学生的答题情况，进而通过答题的正确与否，综合判断学生对知识的掌握程度，分析学生存在的问题和不足，并有重点地对出现的错误进行分析、讲解，让学生发现其学习的不足之处，进而改正完善。

要想使练习型教学模式发挥作用，教师不仅需要具备较强的专业知识，科学的教育理论，还应该提升其他能力。首先，教师应提升其计算机操作能力。在现代化社会背景下，信息技术已成为人们应该掌握的必备技能，教育的信息化不仅需要教师了解计算机相关知识，而且应该具备基本的计算机操作能力，这是实施计算机辅助教学模式的前提。其次，教师还应该在掌握相关教育软件操作的基础上，懂得教学的要点、重点，学生的知识盲点，以及学生的基本情况，有针对性、有目的性地设计相应的课件，而不是花费时间、精力设计华而不实的课件，才能真正发挥计算机辅助教学最大的作用。

（二）以学为主的计算机辅助教学模式

提到计算机辅助教学，大部分人都会下意识地从"教"的视角出发，看其是如何协助教师完成教学任务的。殊不知，计算机辅助教学在"学"的方面，也起着很大的作用。笔者认为，计算机辅助教学对于学生的"学"来说，其价值更为突出，毕竟教学的过程是以学生为中心的，学生才是教学的主体。在学生"学"的过程中，计算机的角色是课程内容和资源的获取工具，学生可以借助网络教学平台、教学论坛或者电子邮件等实现师生间或者是学生间的资源交流、学习交流。学生还可以借助自我评测平台检验自己对知识的掌握程度。以学为主的计算机辅助教学模式有以下几种。

1.探索式学习模式

网络技术的发展丰富了信息化资源的内容，也为学生获取知识提供了便利。网络已成为现代人生活中不可或缺的一种工具，成了学生获取各类资源的途径。网络的普及缩短了人与人之间的距离，人们通过计算机网络能够实现不受时空、地域限制的交流与沟通，也为学生自主学习创造了条件，让探究式学习成为可能。

在这种模式中，学生能够针对其所学的某一知识点或问题，通过检索、查阅相关的网络资源，展开问题探索；或是在教师、网友的帮助下，与他们一起讨论，最后通过分析、归纳，得出结论。因此，在信息化快速发展的今天，寻求问题解决方法也是学生必须学会的一种基本技能。

2. 合作式学习模式

以学为主的计算机辅助教学模式要发挥最大的作用，离不开师生间的配合，也离不开学生间的合作。合作式学习模式就是基于网络共享资源，培养学生的合作意识，教会学生在网络环境中，发挥网络共享资源的优势，通过合作去解决问题。

在实施计算机辅助教学模式的过程中，首先，教师应充分调动学生的合作意识，培养学生的合作学习能力。教师可以根据学生的学习水平，将其分为若干小组，通过合理的分组，让学生在合作学习的氛围中养成自主学习的习惯。其次，为保证合作的顺利进行，教师还应该引入科学的分工机制，让学生间的合作变得有序且有目的。此外，学生在合作的过程中应使用各种计算机沟通方式去相互交流、协商。最后，通过过程监控策略，提高学生小组内的共学互助效率。例如，根据组员的表现对小组成绩采用小组成员中的最高分和最低分平均计算的方法，督促小组学生之间相互帮助，以达到共同提高的目的。

3. 角色扮演式学习模式

计算机辅助教学模式能够根据教学的需要，为学生提供相应的教学情境，角色扮演便是其中一种形式。这种学习模式类似于网络游戏中的各种虚拟角色，不同角色的设定，带有不同的任务。角色扮演便是让学生在现实与虚拟之间建立一种关系，这种关系由虚拟的角色支撑，学生根据学习的需要或是兴趣，自主选择喜欢的角色，扮演者同时需要完成角色的任务。

在这种模式中，教师首先根据教学的需要，设定合适的情境与角色，供学生参与；然后将参与者分成若干小组，每个小组成员扮演不同的角色，并完成相应的角色任务。这一过程可采取小组竞争的形式，让组与组、人与人之间在网络化虚拟空间情境中，通过交互的形式完成角色扮演的任务。教师既可以在旁指导，也可以参与其中，通过扮演具体角色，对学生进行相应的指导。这能够拉近师生距离，激发学生参与的热情与积极性。

4. 考核式学习模式

通过考核能够比较直观地反映学生对知识的掌握情况。考核式学习模式主要是教师根据教学实际情况以及学生的情况，将重难点知识，或是其他需要学生了解的知识进行汇总，然后编成考试软件，借助计算机设备呈现给学生，让学生在线上作答。在考核结束时，学生点击提交即可。

这种形式的考核与传统纸质考核最大的不同之处便在于阅卷方式，通过智能阅卷，学生可以即时得知考核的结果。系统还能够对学生的答题情况进行分

析，指出错误的原因，并进行相应知识点的补充，对于学生而言，能起到查漏补缺的作用。

使用这种学习模式，前期工作烦琐，但其价值是显而易见的。一方面，利用计算机智能化系统，能够降低人为评判的失误率，并实现对考核结果的及时反馈，使学生明确学习中的问题与不足，便于在改正过程中巩固知识，提升成绩。另一方面，这实现了教学反馈、评价的科学化、数字化。

总而言之，网络信息技术的发展打破了传统的教学模式，同时也改变了传统的师生关系。教师和学生在计算机辅助教学模式所建立的交互情境中有了更多交流，师生距离得以拉近，关系不断改善。教师不再是严肃的形象，而是能够和学生像朋友一样平等相处。师生关系的改善对于学生学习水平的提高和人际交往能力的提升都有很大的促进作用。学生能和教师以平和的心态讨论、交流，从而融入集体，更好地学习和生活。

第三节 计算机辅助教学模式的优势和不足

计算机辅助教学是在教学过程中充分发挥计算机的优势，将计算机技术运用于教学或教学管理的各个环节，以提高教学质量和效率的一种新型教学模式。计算机辅助教学模式的运用，在技术上，不仅是对信息技术、多媒体技术、网络技术的集中体现，也是对教育方法和教育技术的改革与更新；在内容上，更是赋予了教育以新的内容与概念，是对教师专业知识与能力的综合反映，推动了教育的变革。计算机辅助教学模式的推广与运用，将有利于变被动教育为主动教育、变应试教育为素质教育，而且将深入地影响教学结构、教学体制和教学管理的整体改革，从而促进教育实现现代化。但任何事物都具有双面性，计算机辅助教学模式也是如此，若处理不当，会对教学产生负面影响。

一、计算机辅助教学模式的优势

计算机辅助教学模式是凭借计算机技术优势而发展起来的服务于教学的一种新的教学形式。其能够迅速地在教育领域中占有一席之地，必有其绝对的优势。与传统课堂教学模式相比，计算机辅助教学模式的优势主要体现在以下几个方面。

（一）有利于对学生实施个性化教学

计算机辅助教学模式为学生提供了人机交互的环境，学生能够在客户端实现自主学习。这种自主学习不同于集体学习模式，是基于学生个体差异的存在，给予学生充分的自主权，让学生能够根据自己的学习状态、学习进度，以及能力水平选择适合自己的学习方法、学习内容，抑或是学习时间等，对知识的广度和深度进行自主掌控。如对于理解快、掌握好的学生，可加强学习内容的深入教学，逐步加大学习难度，使其能力得到不断提升；而对于各方面能力稍差的学生则重在基础知识的学习，以知识的巩固为主，针对其所欠缺的方面，要促使其反复学习和练习，直至掌握。通过这种方式，能够实现个性化教学。

这是传统的课堂教学模式可望而不可即之处，通过计算机辅助教学模式让理想变为现实，真正实现了因人施教、因材施教。

（二）实现人机充分交互

计算机辅助教学模式以计算机的运用为基础，以课件的呈现为主要方式。通过课件的展示，学生能够直观地了解到教学的全部流程，进而针对自己学习的状况实现对教学过程的掌控。

在教学过程中，计算机辅助教学模式也为学生提供了交互的空间。针对某一教学内容或教学环节，学生可选择与教师或者其他学生展开讨论，也可与计算机交互学习，提出问题，计算机对学生的疑问做出解答或是对学生的回答进行反馈。这种人机对话的方法，能够减少传统教学模式中学生对教师的畏惧感和紧张心理，更有利于激发学生的思维及发挥其能动性，有助于调动学生的学习热情，也便于学生理解教学内容，从而形成双向沟通的教学方式。

（三）及时反馈教学信息

计算机具备一定的智能化功能，因而计算机辅助教学模式能够及时反馈各种教学信息。在计算机辅助教学模式的应用过程中，计算机能够对学生的学习情况进行实时掌握，如学习时间、学习内容、学习进度、答题情况等，通过系统分析，将学生的学习状态、知识点的掌握情况等信息反馈给学生，便于学生了解自己对于知识的掌握程度，进而根据自身情况调整学习内容或进度，选择继续学习新的内容还是以查漏补缺、知识巩固为主。

对于教学的实施者与管理者教师而言，计算机辅助教学模式的信息反馈功能，也能够为教师提供更有针对性的教学计划及教学安排。教师可通过计算机辅助教学系统对学生的学习情况（如学习时长、学习频率、学习内容以及练习等）

的记录与反馈,掌握学生的基本情况,从学生的客观实际出发,采取因材施教的教学方针,及时调整成适合学生发展的教学策略,以达到最好的教学效果。

(四)实现无限制的协作学习

计算机的功能之一,便是能够为教学提供一个模拟情境。在这个虚拟空间中,能够实现教学的多种交互。协作互助是其中一种重要的交互形式。

计算机辅助教学模式能够实现无限制的协作学习,主要从以下内容体现。教师根据教学重难点和学生能力发展目标,提供相应的教学内容,并根据教学内容为学生创设交互的环境。学生可就教学内容的某一方面展开讨论。在这一过程中,学生可对所讨论的内容用多种不同观点进行比较、观察、分析和归纳。

这种形式不受条件限制,尤其是在网络背景下,客户端用户都可以参与这种形式的协作互助式学习模式。与传统教学模式限定于课堂、限定于学生的协作学习相比,计算机辅助教学模式范围更广,将参加同一内容协作学习的学生的智力集中起来,能够真正做到集思广益,让每一个参与协作学习的学生都能从中受益。

(五)便于加强教学自动化管理

教学是一项复杂而系统的工作,而不是简单的教与学的过程,涉及教师、学生、教材、教具等方方面面,教学质量的提高、教学效果的改善需要各方面的协调发展。计算机存储空间大,而且具备智能化处理的功能,因此实施计算机辅助教学模式,能够实现对各种教学信息的有序化,以及教学管理的自动化,从而提高教学管理的效率和质量。通过计算机网络或学生磁盘,可自动生成有关教学管理的数据库文件,用计算机可进行查询、统计和分类,便于对学生各类学习信息的管理。

二、计算机辅助教学模式的不足

计算机辅助教学模式以教学手段的多样化,为现代教育领域注入了新的活力,改革了传统教学模式的弊端,在推进教育的不断发展与进步方面起着重要作用。然而,我们也应该意识到计算机辅助教学模式并不是万能的,在教学中如果使用不当,将会严重影响教学效果与质量,因此必须加以重视,使计算机辅助教学模式在教学中的运用更科学规范。

(一)市场上销售的适合课堂教学的教学课件较少

计算机辅助教学模式的实施,一般需要相应的教学课件及教育技术的支持。

随着信息化的发展,各类教学课件数量繁多,让人应接不暇。面对如此众多的教学课件,缺乏教学经验的教师及学生往往不知道该如何选择。在市场上销售的课件质量参差不齐,给学生造成很大的困扰。学生往往投入极大的精力和时间,却收效甚微。究其原因,是其所选择的课件缺乏针对性,与学生不能建立起良好的互动关系。如何选择合适的、有价值的教学课件就成为教育者及学习者面临的一大难题。

在计算机辅助教学模式下,通常把教学软件大体分为三类。

第一类是由教育界的专家及优秀教师所设计的,他们具有很高的教学理论水平,且专业知识扎实、教学能力强,在教育一线积累了大量的教学经验,体现在教学课件的设计上,课件中的教学内容大多具有较高的教学价值,但是却容易固化教学内容和教学策略,甚至固化知识的表达方式和顺序,从而导致内容的单调。有的教师虽然有着较高的学术造诣,但对计算机技术并不精通,使计算机的优势不能充分发挥出来。这样的教学课件适合于一般的教学情境,无法适应变化的教学情境。

第二类是由具备专业的计算机技术的人员制作的。与专业教师所设计的教学课件不同,专业技术人员在课件制作过程中突出技术方面的表现,一般较多地展示计算机的功能,展现计算机的优势,而对与教学相关的内容表现欠缺。这主要是由于计算机技术人员缺乏教育理论的支撑,不了解教学的真正内涵,缺乏教学经验的指导。这类教学课件看似功能齐全,内容丰富、生动,却有着华而不实之处,没有和教学内容完全融合,不具有教学性。

第三类是在前两类的基础上发展而来的,是教育专家、优秀教师与技术人员协作完成的。从某一方面来说,这一类教学课件具有绝对的优势,既有教学理论、教学实践的指导,又有计算机相应技术的支撑,无论是在教学内容和教学策略上,还是在计算机优势的发挥上都是完美的。然而,纵观当前教育课件市场,这种质量较高的教学课件凤毛麟角。

要发挥计算机辅助教学模式的最大作用,首先就需要从教学课件质量的提升上着手。只有从源头上做好计算机辅助教学的准备,才能为计算机辅助教学模式的改革与推进奠定基础。

(二)偏重形式而忽视内容,注重信息量而忽略学生的接受能力

计算机在教学中的运用,为教学活动带来了许多便利。教育信息化以及素质教育的推进,使越来越多的教师认识到计算机辅助教学的重要性。尤其是在教学评比中,一些教育管理者将计算机多媒体在教学中的使用情况纳入评比范

围，这就给不少教师造成一种误区，即运用多媒体教学频率与教学效果、评比结果息息相关。因此，教师为了上好公开课、优质课，不得不花费大量的时间和精力搜集素材、构思内容、制作课件。直接影响就是耽误了正常的教学进度，而呕心沥血制作的课件，形式花哨，偏重观摩评比，偏离实效性。

不仅如此，有的教师为保证公开课的教学效果，甚至不惜打乱原来的授课计划，让学生跳跃学习或重复学习，在课件的制作上，也忽略了学生的实际情况，高于或低于学生的能力水平，让学生按照课件的设定演示学习，这样的教学意义不大。而且，这类教学课件通常也是一次性的，随着教学任务的结束而失去价值。

这是对教学资源的严重浪费，是值得教育者深思的，是应该避免的。

还有一种情况是，有的教师在应用计算机辅助教学时，其课件所展示的内容色彩斑斓。这主要跟教师的个人喜好有关。有的教师喜欢在画面上采用亮丽的图案或颜色作为背景，或是别具匠心，改变字体形状或颜色，或是加一些修饰点缀，或是为获得新奇的放映效果，给各种素材设置出各种各样的呈现和消失方式，如淡入淡出等，令人眼花缭乱。这样的界面看似丰富多彩、美不胜收，却是课件制作的大忌。绚丽的界面很容易让学生分神，导致其注意力都集中在特效的变换上，不利于学生注意力的集中。我们都知道，形式是为内容服务的，而花哨的形式并不利于教学主题的突出，自然产生的是喧宾夺主的效果。

另外，计算机辅助教学模式的一大优势是其能够蕴含巨大的信息量，有的教师希望发挥计算机的存储量大的功能，尽可能多而全地向学生展示与教学相关的内容。这是计算机多媒体教学的又一大误区。这主要是忽略了学生的认知能力和理解能力。这种状况的出现与教学任务重、课时有限有着一定关系，教师为完成教学任务，而不考虑学生的实际接受能力。在计算机辅助教学过程中，屏幕信息转换过快，学生来不及理解。这些都是在计算机辅助教学过程中教师需要注意的问题。

（三）过分强调计算机的作用，忽视对学生人格的培养

计算机辅助教学模式是对传统教学模式的变革，有着传统教学模式无可比拟的优势，被认为可以完全替代传统教学模式。这是一种片面的认识。如果说计算机辅助教学模式是适应时代发展的应然之举，不推行就是落后于时代，那么，完全抛弃传统教学模式，却又是对传统教学模式的不自信，是对教育理念认识的不透彻。

有的教师将计算机辅助教学模式应用在教学的全过程中，以语文教学为例，有的教师照搬他人的课件用于自己的课堂，甚至将课文的朗诵也从网上下载，供学生聆听、体会、模仿。这其实是一种机械的计算机辅助教学模式。一堂课效果的好坏，并不仅仅在于课件使用程度的高低，也不仅仅在于教师传授知识的方法科学与否，而在于教师是否对学生进行了有效的引导，能否在教学过程中为学生营造良好的知识建构的情境，能否激发学生的积极性，能否在师生间实现有效的情感交流与互助。

此外，素质教育理念强调学生的全面发展，现代教育所提倡的教学要围绕学生的知识与能力、情感态度及价值观而展开，对于学生人格的培养是知识能力培养之外的一项重要任务。而单纯地通过计算机教学，对学生素质与能力的培养是不足的。尽管传统教学模式在某些方面表现欠缺，但是在传统课堂教学中，教师与学生能够通过面对面的交流，让教师在言传身教中感染学生，潜移默化地影响学生，这对于学生人格的培养起到了很大的作用。计算机辅助教学模式的优势显而易见，若教师一味地强调计算机辅助教学模式，而不是从传统教学模式中吸取教育经验，这对于学生来说是无意的，尤其不利于学生的身心发展。因而，教师应该从思想观念上进行转变，既不能过度夸大计算机辅助教学模式的功能，也不能抹去传统教学模式的一些可取之处。

（四）忽略对学生信息素养的培养

信息技术与教育的结合，使计算机辅助教学模式蕴含着巨大的潜力。这也是当前越来越多的教师重视计算机辅助教学模式的主要原因。网络信息资源丰富，能够满足教学的多种需求，也为学生信息的获取提供了便利。为此，很多教师鼓励学生自主探究，让学生带着问题上网查阅相关资料。但考虑到网络信息的复杂性、网络环境的不可预测性，为减轻学生的负担，也为了让学生在网络的海洋中有目的性地寻找与自身所需匹配度高的信息，教师会限制学生上网的网站，甚至指定网站让学生查阅相关资料。这种做法从表面上看出发点是学生，其实这是一种过度保护，不利于培养学生良好的信息素养。

学生具有良好的信息素养，应能从网上快速地获取信息，能对获得的信息正确地鉴别评价，能有效选择、利用信息并整合成信息作品。既然让学生自主探究，就应该给予学生充分的信任与自由，让学生在浩瀚而陌生的网络环境中，层层筛选、点滴积累，这样才能让学生的自主性得到锻炼，能动性得以充分发挥，才能更好地适应计算机辅助教学模式。

我们所说的信息素养,不是通过简单的课堂教学就可以具备的。信息素养的形成和提升是在实践中逐步培养的,不仅需要教师的引导支持,也是学校的责任,乃至整个社会的责任。

三、计算机辅助教学模式的改进措施

(一)彻底转变教师的计算机辅助教学观念

意识对行为有着直接的影响,因而,要提升计算机辅助教学模式的效果,应该从思想上开始转变。当前已进入信息化社会,教育信息化是教育发展的必然趋势,因此,教师要树立计算机辅助教学的意识,学校要为计算机辅助教学提供完备的硬件设施,以及营造良好的教学环境。

首先,学校应建立健全计算机辅助教学模式的领导与管理机构,加大技术与资金方面的投入,给予计算机辅助教学模式顺利实施的有效保障。同时,学习应成立专门负责计算机辅助教学的机构,为计算机辅助教学模式的开展提供技术支持,尤其是通过优质课件的制作来提高计算机辅助教学模式应用的效果。

其次,不断提升教师的素质与能力。教育信息化推动了教育的改革与进步,加速了计算机辅助教学模式在教学中的运用,不仅要求教师具备较强的专业知识,还对教师信息技术能力的提升提出了较高的要求。学校管理者要认清局势,认识到计算机辅助教学模式对教师能力的要求。这就需要学校有计划地举办各类教师培训班,组织教师既要深入学习现代教育教学理论、素质教育的思想和先进教学方法,还要加强信息技术教育的学习,让教师在掌握计算机基础知识和操作技能的基础上,学习使用PowerPoint、几何画板等常用课件制作软件,能够根据教学需要制作相应课件,并能利用互联网获取教学信息,逐步提高教师的现代化教学水平,提高教师整体素质。

最后,强化对计算机辅助教学模式的认识。计算机辅助教学模式已是当前学校教育中使用较为广泛的主要教学形式之一,无论是学校领导还是教师个人,都应该对计算机辅助教学模式的形式与功能有着全面的认识,从而形成重视计算机辅助教学模式的新局面。只有这样,才能为计算机辅助教学模式发展创造良好的教学氛围,才有助于计算机辅助教学模式的实施。

(二)整合多种教学方法实施多媒体教学

课件是计算机辅助教学模式的灵魂,计算机辅助教学模式的效果离不开优质课件的支撑。因此,课件对于计算机辅助教学模式来说至关重要。不同的教学内容、不同的学生情况对课件有着不同的要求，很难有某一个课件同时满足不同的教学需求。也就是说，万能的课件是不存在的。要提高课件制作效果和质量，我们需要通过建设计算机辅助教学课件库来实现。

课件库的作用便是储存大量优质的与教学内容相关的信息资源课件，以便在教师需要时，能够方便、快捷地找到适合自身教学需求的课件。课件库的这一功能，是计算机资源共享优势的体现。

当然，有条件的学校或者单位还可以直接建立积件库，即把教学内容分化为若干个小知识点，将这些零散的小知识点制作成一个独立的小课件，最后再将其汇聚起来。这样，教师在实施计算机辅助教学模式时，根据教学需求及自己的实际情况，可有针对性地从积件库中调用所需的积件，方便而快捷，能够节省不必要的搜集资料所耗费的时间，然后利用相关的软件制作技术，就能快速完成所需课件的制作。

值得注意的是，在运用计算机辅助教学模式的过程中，一方面，要灵活选用多种教学方法，保证各种教学方法相协调，要根据教学实际，因地制宜。常见的方法有提问设疑、实物或图示展示、场景模拟及角色互换等，以调动学生学习的积极性，激发学生的想象力和创造力，通过丰富的教学形式，使课堂教学达到生动、活泼的效果。

另一方面，要通过规范课堂语言，促进师生间的有效沟通。语言是人与人之间交往的纽带，是维持社会关系的基础。实施计算机辅助教学模式，就要充分发挥学生的主观能动性，突出教师在教学中的主导地位，积极引导学生在交流合作中发散思维，提高学习的积极性。

（三）对计算机辅助教学模式给予正确的认识

从当前的技术水平及教学实践来看，计算机辅助教学模式能够模拟教师的教学行为，替代教师的部分工作，让教师从繁重的教学任务中解放出来，以便于教师有更多的时间和精力进行教学研究，或是进行个人技能的提升。从这一角度上来说，计算机辅助教学模式具有值得肯定的应用价值。但我们也应该清醒地认识到，尽管计算机辅助教学模式在教学中有着极大的优势，但计算机辅助教学模式不是万能的，任何无限夸大其作用的做法都是错误的，要坚持一分为二的态度来看待计算机辅助教学模式。

计算机辅助教学模式不受时间和空间的限制，是当前重要的教学形式之一，作为教学的一种手段，它在教学中只能起辅助作用，即辅助教师完成教学任务。对于抽象的、复杂的、学生理解有困难的知识，教师可以利用计算机辅助教学

模式图文声像兼具的优势,将抽象的内容具体化,以形象、生动的形式直接地展现在学生面前,让学生在多感官的刺激下,发散思维,从而更有助于其对知识点的理解,收到的教学效果也是其他传统教学模式所不及的。

尽管如此,计算机辅助教学模式也不能完全代替教师的"教",更不能代替学生的"学"。这是由于教学过程是师生双方,甚者多方参与的过程。作为主要的参与者,教师和学生任何一方都不能缺少,否则教学将不完整。也就是说,教学是在师生共同参与下才能实现的。教学也不是机械的知识传授的过程,教师是教学活动的组织者,学生是教学活动的主体,双方联系的纽带是交流。教师和计算机最大的不同在于情感,基于情感的交流才能拉近彼此的距离。对于教师而言,交流才能与学生建立良好的关系,才能更好地了解学生的真实情况,包括学生的心理情况,这样才能在教学中更有针对性;对于学生而言,交流才能够对教师产生信任感,才能更好地配合教师的工作。这恰恰是计算机无法做到的。

除此以外,还有很多事情也是计算机根本做不到的,如对学生情感的引导及人格的培养等。

所以,就当前的实际情况而言,教学还是应该建立在传统教学模式上,并辅以计算机教学系统的支持,在发挥传统教学模式的长处的基础上,运用计算机某些功能,实现教师对于教学过程的有效控制和管理。

(四)加强对学生信息素养能力的培养

21世纪对人才的培养提出了新的要求,人的全面发展是教育的发展目标。特别是随着信息化社会的发展,以及信息化程度的不断加深,信息素养能力的培养成为在教育信息化背景下对学生能力提出的又一要求。信息素养是传统文化素养的延伸和拓展,主要由信息意识与信息伦理道德、信息知识及信息能力等组成。

信息能力是信息素养的核心,包括信息的获取、信息的分析、信息的加工。

现代教育强调学生的自主学习能力的提升,而对学生信息素养能力的培养,与学生自主学习能力有着直接的联系。学生信息素养能力的提升意味着学生获取信息的能力,以及对信息进行分析、处理的能力也相应地有所提高,而这些能力是学生自主学习必备的能力。可以认为,提高了学生的信息素养就培养了学生的独立自主学习的态度和方法,使之具有批判精神及强烈的社会责任感和参与意识,具有追求新信息、运用新信息的意识和能力,善于运用科学的方法,从瞬息万变的事务中捕捉信息,具有从易被人忽视的现象中引申、创造信息的能力。因此，我们必须重视对学生信息素养能力的培养。

　　首先，需要转变教师的观念，让教师认识到培养学生信息素养能力的重要性，让教师在计算机辅助教学过程中，有意识地锻炼学生的自主学习能力。其次，要加强对教师计算机技术能力的训练，让教师对计算机辅助教学模式的运用游刃有余，这样能够避免其对计算机辅助教学模式的抵触，也更能够使其发挥重要的作用。最后，在计算机辅助教学模式应用过程中要注意引导学生重视对信息素养能力的培养，可把信息素养水平作为考核学生的标准，让学生自觉地促进自己的信息素养的提高，使学生结合所学专业，获取信息，对所学专业信息有更全面、更深刻的了解，提高专业知识水平。

　　计算机辅助教学模式在教学中的推广与应用，已取得了显著成绩。随着信息化技术的不断进步，这一教学模式在现代教学中的优势也已日益彰显。为不断提高教学质量并促使教育跟上信息时代的发展步伐，计算机辅助教学模式将成为今后学校教育发展的必然趋势。教师在实施这一教学模式的过程中，需要加强对课件的设计与制作，从提高自身素质与能力方面着手，将课件设计制作成学生学习的资料库，增强课件的交互性。同时，教师还应该考虑各层次学生的接受能力和反馈情况，以真正发挥计算机在教学中的辅助作用。

四、计算机辅助教学模式的应用分析

　　计算机辅助教学模式在当前教学中的地位越来越重要，计算机辅助教学模式的形式也是多样的，为了提高其在教学中的运用效果，一般需要根据教学内容和教学对象的不同进行灵活运用。

（一）人机交互教学

　　计算机辅助教学模式能够提供良好的交互环境，有助于最大限度地发挥形式的能动性。因而，人机交互教学是计算机辅助教学模式中运用较为广泛的形式之一。

　　人机交互是一种以个性化交互学习为目标的课件类型，它的有效实施，需要课前做好课件的充分准备，不仅要保证教学内容和教学策略的合理性，而且要确保逻辑结构的完整性。这类课件的特点是构成课件的结构系统，一般采用的是选择型的程序结构，教学内容被分为若干个独立的模块。其教学流程并不是固定的，通常有两种选择：一种是由学生决定的，控制其运行流程；另一种是由计算机系统控制的。学生在进入该教学界面后，便可以直接进行人机交互式学习。

人机交互的教学方式,在计算机辅助教学模式中发挥着重要的作用,尤其适合于新知识的传授。通过人机交互,有助于学生对知识的建构,学习效果更好。

基于人机交互的计算机辅助教学课件在设计中需要注意的问题是,要在充分了解学生的基础上,将学生在学习过程中可能会出现的问题和困难纳入课件内容,连同解决方案也一并体现在课件中,并尽可能详尽地提供联机帮助信息。

(二)练习复习教学

练习型课件是利用计算机辅助教学课件提供的练习功能,由计算机提供练习内容,由学生作答,再由计算机评判结果,然后将结果反馈给学生,让学生在不断的"练习—反馈"活动中获得学习刺激,从而取得进步。

对学生的反馈有两种情况:一种是学生练习效果较好,正确率较高,这时计算机给予学生赞赏的符号提示,学生在这种刺激的作用下,学习积极性更高,学习意识得以增强;另一种是学生错误较多,这时计算机会给予其鼓励的符号提示,学生可选择重新练习或答题,或者是在计算机的引导下,分析出错的原因,找到正确的解题思路,有助于其知识的巩固。

复习型课件,一方面,用于复习某种规律性的知识,便于学生查漏补缺,并巩固新学的知识;另一方面,用于检测学生的学习情况或作为学生对学习效果的自我评价,以调整学习内容和学习进度。

练习复习教学课件的效果:一是取决于学生的学习态度,同时与练习复习的频率、练习时间、题型等直接相关,这也体现了人机交互作用的程度;二是丰富选题功能,给予学生更多的选题自主权,如可依实际教学内容采取随机取题、按类取题、排队取题和按难度取题等取题方法。

(三)资料咨询教学

这一类课件主要是为学生自主学习提供便利,突出了计算机辅助教学模式服务于学生的功能。通过交互界面,以人机对话的形式,学生可以选择所需学习的内容或是通过计算机辅助查询,获取所需资料。其有助于培养学生的信息素养,启发学生的思维,激发学生学习的能动性。

资料咨询课件首先需要自身储备丰富的信息资源,因而对其开发需要建立在资源共享的基础上,此外,还需要强大的数据库作为支撑,以及计算机多媒体的智能化、网络化等功能与技术发展。

要提高此类课件的应用效果,需要重视信息的分类、检索方法和信息的获取及输出等技术细节。

（四）课堂演示教学

课堂演示是在课堂教学的过程中，向学生展示教学内容的一种直观形式。演示的内容通过计算机辅助教学能够达到更好的效果。计算机辅助教学演示可将教学内容设置于课件中，可根据教学的需要，将演示与教师的讲授或其他教学媒体相配合。这样给予学生全方位的刺激，更有助于学生对教学内容的理解，以及对教学内容留下深刻印象。

课堂演示教学一般需要将演示的内容呈现于屏幕上，让学生观看。因此，演示效果与教学设备有着直接的关系，大屏幕显示器或高亮度投影仪等硬件设备成为课堂演示教学的首选。在设计开发该类课件时，首先对教学流程要有一定的清晰认识，以教学流程为设计原则，才能保证课堂演示教学的流畅性。另外，课堂演示教学还应充分体现教师的教学思想，也要考虑课堂演示时的环境因素对演示效果的影响，选择可突出主题的屏幕显示属性。同时要求使用课堂演示课件的教师对课件内容有深入的了解。

第五章 基于网络的计算机辅助教学

第一节 网络课程概述

计算机技术、网络技术及信息技术的突破，推动了网络教育的发展，以网络课程为代表的教学模式逐渐兴盛，对传统的教学模式带来一定的冲击和挑战。与传统教学模式不同的是，网络课程体系强调以学生为中心的教学模式和学习模式，强调教与学的统一。教学管理者不得不开始关注教学改革，以适应教育发展的新趋势。

一、网络课程的概念

时至今日，网络课程虽已为大众所熟知，但对其概念尚未有统一的界定。不同的学者对网络课程有着不同的认识。《现代远程教育资源建设技术规范》中对网络课程的定义可概括为，网络课程是借助网络技术来呈现教学内容和策略的教学活动。其包含两个方面的要素：一是学科内容、教学策略；二是网络技术和背景。在我国，教育技术学专家何克抗教授对网络课程的界定受到社会大众的普遍认可。他在总结前人理论的基础上，从课程论的角度指出，网络课程是在先进的教育思想、教学理论与学习理论指导下的基于网络的课程。其学习过程具有交互性、共享性、开放性、自主性和协作性等基本特征。

值得注意的是，并非有网络参与的教学都可称为网络课程。《美国在线教育追踪报告》指出，界定网络课程的标准是一门课程极大部分内容（80%）是通过网络在线传递的，而面对面教学的课程有 0～29% 的内容通过在线传递，其中就包括传统课堂课程和网络辅助课程，除此之外，还有一部分为混合课程。

二、网络课程与传统课程的比较

两种不同课程形式的比较，其实质归根结底是两种教学模式的比较。从古

至今，在我国教育模式中，传统教学始终占有极高的地位，经过历代教学经验的积累，传统教学模式已经发展成为一种成熟的、可行的教育机制。然而，随着现代化技术的发展，尤其是信息技术、网络技术的发展，单纯的知识传授已无法满足具有现代意识的学习者的需求，传统教学模式弊端逐渐显现，其在教学方法、教学组织、教学资源等方面有待突破。

网络教育是时代发展的产物，凝聚了网络的优势，首先，其突破了教学空间、时间的限制，使教与学的自主性更大，能够体现教与学的个性化；其次，网络资源更丰富，对完善教学知识、开阔学生视野有着极大的作用；最后，多媒体的运用使教学组织形式更加多样性，有助于培养学生的创新性思维。

无论哪种教学模式，其教学目的都是一致的，即促进学生全面发展。学生的发展是素质教育的要求，不仅包括知识能力的发展，还包括思维能力、情感、价值观等方面的协调发展。随着互联网技术的发展，人们逐渐认识到网络教学更具有优势。如何更好地有效利用网络教学优势，改善传统教学模式的不足，成为当下教育界关注的焦点。

然而，当前不乏这样一种情况存在，即机械地将传统课堂搬至网络上，表面上实现了教育的网络化，殊不知是对网络教学的误解。网络教学必须结合教育的本质，遵循互联网教育思维的规律，使网络和教学融为一体，实现在线教育的跨越式发展。互联网教育思维与传统在线教育思维的对比，如表 5-1 所示。

为加快推进教育改革的步伐，国家颁布了一系列教育政策、法规，同时，随着信息技术的发展，国家也加大了对于教育信息化的建设投入力度，为网络教学提供了技术支持，各类在线教育平台犹如雨后春笋般涌现，为网络教学创造了外部环境。这些都有助于提升网络教学和学生自主学习的效果。

表 5-1　互联网教育思维与传统在线教育思维的对比

教学层面	互联网教育思维	传统在线教育思维
教学主体	以"学生学"为中心	以"教师教"为中心
教学形式	学生学	教师教
教学过程	内容新颖、生动有趣	枯燥无趣、呆板单一
教学手段	合作学习、自主学习	灌输式学习
教学特色	个性化	个体服从集体安排

三、网络课程的教学现状

21世纪是信息化社会，网络与教育融合的趋势逐渐增强。相关调查研究显示，投入在线教育的企业和机构的数量不断增加，成为在线教育未来发展的巨大推动力。他们主要致力于网络教学平台、教学资源和信息化教学工具的设计与开发。对于学校教育而言，国家的政策也加快了网络教学的发展步伐。另外，成长在信息化、网络化社会的青年，受环境的影响，已熟练掌握计算机技术。这些都为网络教学的开展提供了条件。自网络教学在我国兴起以来，在不断的教学实践中，其在某些方面的发展值得肯定。

（一）网络课程建设规模庞大

真正意义上的网络教育开始的标志是国家远程教育的推行，清华大学、湖南大学、浙江大学、北京邮电大学作为首批试点高校。网络教学从兴起到流行经过了几十年的发展，规模不断壮大。在理论指导方面，教育部发布的《教育信息化十年发展规划（2011—2020年）》等政策，推动了网络教育的发展及网络课程的建设。此外，"现代远程教育工程""新世纪网络课程""精品课程"等举措，丰富了网络课程资源的数量和质量，为网络教学的发展奠定了良好的基础。

（二）网络课程评价机制完善

国家在推进网络教学的同时，也完善了网络课程的评价机制，《网络课程评价规范》就是教育部针对网络教学及网络课程资源的内容和功能特性制定的评价规范，旨在提高网络课程的质量，保证网络教学的有效性。评价包含课程内容、教学设计、界面设计和技术四个方面。可以看出，它是针对网络课程的建设进行的评价，而不包含对于课程效果的评价。2009年，国家制定了《国家精品课程评审指标》，该指标主要包括课程设置、教学内容、教学方法与手段、教学队伍、实践条件、教学效果和特色及政策支持等方面。其评价内容更全面，有助于提升网络课程的应用效果。

鉴于一些发达国家网络课程的发展先于我国，其发展程度较高，课程评价理论与标准有许多值得我们学习和借鉴的地方，可作为我国网络课程教学评价的参考。作为学校网络课程的实施者，学校、教师只有在科学理论的指导下，充分利用这些资源，才有可能保证网络课程的有效性。

四、我国网络课程中存在的问题

当前国内外环境为我国网络课程的开发创造了条件,使我国网络课程建设规模不断扩大。在取得成绩的同时,我们也应该看到我国网络课程存在的不足。只有通过对问题与不足的反思,才能有针对性地提出改进策略。

(一)教学交互不足

网络具有资源获取便利,不受时间和地点限制的优势。网络课程具备网络的这一优势,为学生提供丰富的学习资源,使学生能够随时随地实现自主学习。此外,课后学生还可以实现相互间或师生间的在线互动,交流学习经验或遇到的问题。不占用课堂时间,而且网络平台的科学的课程导航等功能,在一定程度上可以提升学生学习的效率。

然而,这些都是理论上的优势,在实践中,网络课程所收到的效果与理想状态有一些出入。造成这种结果的原因是多方面的。一是学生缺乏自主学习意识,或是自主学习能力不足,没有充分利用网络课程。二是网络课程所涵盖的内容,一般为教师设置,其质量受教师能力及能动性的影响,教师所上传的课程资源未加以处理或处理不当,也会影响网络课程的效果。三是学生通过网络课程自主学习,所提问题得不到教师的及时反馈,会影响学生学习的积极性,进而降低了网络课程学习效果。四是网络课程导航混乱等,对学生自主学习造成困扰,使其浪费本该用于学习的时间,也会影响学习的效果。

从教学的主体与形式上来看,网络课程教学也应该是以学生为中心的,其目的是促进学生能力的提升及全面发展。结合网络教学的特点,我们更应该加强教学过程中的交互性。网络教学交互与课程学习交流息息相关。教学交互是在教学过程中,教学参与者的多边互动。其不仅局限于师生间、生生间的交流,还包含学生与教学内容、教师与教学内容,以及学生自身的交互。学生与教学内容的交互是学习的过程、思考的过程;教师与教学内容的交互是教师设计教学的过程;学生自我交互主要是学生自我反思的过程。就当前的网络课程教学现状来看,强调以学生为中心的交互。

1. 学生与教学内容的交互

学生与教学内容的交互是获取知识的直接形式。在网络教育浪潮的影响下,一些学校将网络教学作为应对教学评估的一项手段,强制性推行网络教学。其关注网络课程的数量,而忽略课程内容与质量。这种缺乏对网络课程教学本质认识的做法,导致的直接结果便是大量课程内容仅仅是书本内容的迁移,缺乏对课程内容的深层次设计。此外，在网络课程内容的设计与安排上，对内容的简单照搬是影响交互效果的一个方面，而另一方面是对教学资源的选择与处理不当，表现为多数网络课程提供的资源粗糙，未经过科学的整理及优化，不符合教学要求，或是与教学内容缺乏必要的关联。这不仅起不到应有的交互效果，反而会造成学习的负担。

2. 学生与教师的交互

师生互动也是教学过程中需要重视的形式。师生互动的形式是多样的，既可以是教师提问，学生思考、回答问题的过程，也可以是教师布置作业，学生完成提交，教师再进行作业反馈的过程。网络教学师生互动就是师生利用在线聊天室、QQ群、微信群等进行同步讨论，双向交流。这种方式存在的问题集中在两个方面。

一是交流内容的局限性，不少学生反映师生交流多是与教学相关的问题，很少涉及或是几乎不涉及学科范围之外的问题，教师关注较多的也是学生对知识的掌握情况，却忽略对学生学习态度、学习需求方面的了解与关心，让学生感觉不到教师的温暖，收到的反馈多是机器般冰冷。缺乏情感注入的互动难以长久，最终影响学习的效果。

二是反馈的不及时或是解答的不具体，也影响互动的效果。在课堂教学中，师生面对面，对于学生的疑惑，教师一般都会在课堂上给予解答，即使当时无法做出解答，也会在事后反馈给学生。而在网络课堂教学中，教师教学任务繁重，教学程序固定，为保证教学任务的完成，对学生的提问较少，且反馈也较为简单，易造成理解障碍。

3. 学生之间的交互

不少网络课程都设置了供用户讨论交流的功能，如在线聊天室、论坛、讨论区等。这些交流界面的特点是适合于大众化的集体讨论或交流。在教师的组织下，学生大多都能够参与。而对于学生而言，除了教师的引导，他们私底下很少主动进行集体讨论、小组讨论和个别化讨论。造成这种现象的原因主要有四点。一是网络课程不受时间地域的限制，学生之间互不了解，彼此缺乏一定的信任，这就在一定程度上影响了交互的开展。二是网络课程提供了大众化的交流工具，但却对个性化交流功能加以限制，需要用户以提交个人社交软件信息为前提。面对网络复杂的环境，出于对个人信息的保护，很多用户不愿意提交，从而影响了学生间的个性化交互。三是受教师的影响，网络课程一般适用于课堂教学，教师提供交互的形式和交互的次数，在很大程度上受教师态度的影响，

教师鼓励学生自主学习、小组合作学习,才能够很好地实现学生间的交互。四是学生学习动机不明确,没有意识到学习是群体性的活动,也会在一定程度上影响交互活动的实施。

(二)教学评价机制不足

评价是构成教学环节的重要组成要素,传统的教学评价一般以课堂练习、单元测试为主要形式,以检查学生的学习掌握情况。评价模式有形成性评价和终结性评价两种。网络课程中的形成性评价,即通过对学生在学习过程中的表现的评判,借以了解学生的学习效果。终结性评价通常是在课程结束时对学生的评价,是对学生最终的学习效果的衡量。除此之外还有诊断性评价,这一评价是对于学生能力的总体预估,通过评判,了解学生的知识及能力水平,是了解学生基本情况的手段之一。在实际教学中,诊断性评价使用频率较低。

无论哪一种评价模式,其评价主体,除了教师,也包括其他教育者和学习者。相关调查发现,在学校教育中,教师一般会根据教学对象的不同,选择不同的评价方式。在学生数量较少的网络课程中,教师可以直接对学生的学习情况进行评价;而学生人数较多时,直接评价较为复杂,不易操作,教师一般采取学生互评的方式。一方面,教师教学任务繁重,将评价权交予学生,在一定程度上减轻了教师的工作量;另一方面,学生之间彼此更为熟悉和了解,评价的可信度更高,而且通过互评,便于学生间取长补短。但学生互评也有一个弊端值得引起教育者的关注,即评价者主观意识对评价结果的影响。这就需要建立完善的互评机制,以保证互评的准确性与科学性。

对于网络课程的评价,大多数教师试图通过测试的方式来了解学生的学习效果。为便于操作,教师一般设置大量的客观题,由系统给予评价,这种形式的评价,反馈及时、准确性较高,但不利于对学生综合能力的考查,让学生再次陷入"为考试而学习"的传统学习观念之中。

(三)知识建构不足

网络时代的发展,加快了教育信息化建设的发展步伐,无论是学校教育,还是教育行业,乃至教育网站,都关注于网络课程的建设与发展,并为学生获取学习信息与资源提供了便利条件。然而,网络课程质量参差不齐,一些网站和资源库,只重视资源的数量,而忽略资源的质量;只埋头于资源的搜集与积累,而不重视对资源的整理与优化,更别说遵循知识建构的规律去管理这些资源。只注重资源库的建设,而不顾学生的需求,没有从用户的角度考虑资源库是否具有真正的价值。

通过对不同学校网络教学资源建设情况的了解，我们发现大部分学校都已具备网络课程教学的实力，也都进行了网络课程的开发，网络教学资源较为丰富。但这些资源大部分都是教师经验的积累，是教师认为有价值而上传的，目的在于对学生参考利用提供帮助。这些资源数量庞大，但内容过于繁杂，教师在将资源上传至资源库时，只停留在"有无"的阶段，忽略了知识建构的规律，既没有对资源进行整理，也没有指出资源使用的方法及时间，使学生在资源的海洋里迷失方向，资源的利用率和使用效果也因此受到影响。

（四）教学设计能力不足

在教育信息化不断发展的背景下，人们逐渐认识到传统教育的弊端，并试图利用互联网思维，借助互联网的优势，实现现代教学与传统教学的优势互补。虽然这一思想具有进步意义，但在实践中却遇到种种问题。其主要表现为人们在意识到网络教学优势的基础上，极力推行在线教育模式，但由于对认识的欠缺，仅仅停留于"教育互联网化"阶段。看似教学实现了突破，但其本质并未发生变化。"教育互联网化"只是呈现知识的方式或者载体变了，即从书本到互联网，而知识的内容并未发生变化。

在网络课程的设计上，由于对网络教学的认识和教学设计能力的欠缺，一些教师片面地认为教学网络化，就是利用计算机设备，尽可能多地在网络上呈现教学内容。在这一思想的引导下，教学设计的过程成为知识搬迁的过程，即"纸质教材"变成了"电子教材"的过程。造成这一问题的原因在于教师思维没有真正转变。

（五）学校重视程度不足

教学是师生双向互动的过程，现代教育理论强调教学中教师的引导作用。网络课程教学也是师生共同参与教学的过程。开展网络课程教学受主客观条件的影响，作为课程实施的主体，教师课程设计能力、对待网络课程的态度等因素对网络课程有着一定的影响。除此之外，学校教学条件也是不容忽视的客观因素。

随着教育现代化的普及，国家对教育信息化的推广力度加大，在财政支出上给予了大力支持。这为网络课程的发展提供了良好的外部环境和坚实的物质基础。大部分教师对网络课程教学的认识不断深化，加之传统教学模式弊端的显露，使很多教师对网络课程教学的态度从抵触到接受。然而，真正落实网络课程教学的很少，究其原因，有以下几点。

一是从学校角度上来说，网络课程教学需要投入一定的人力、物力及财力，

还需要学校相关政策的支持。学校的态度决定了其在网络课程教学上的力度。得不到学校的支持，网络课程教学后劲不足。二是从安全性角度上来说，网络课程教学存在风险。这集中表现在网络课程教学需要大量资金的支持，课程设计需要投入大量的时间和精力，而其效果却是未知数。这也是教师开展网络课程教学的顾虑所在。三是从教师角度上来说，教师是网络课程教学的实施者，教师的能力水平、教学技巧等直接影响网络课程教学的效果，很多教师缺乏网络教学方法、技能，也对教学效果产生影响。

第二节 基于网络的计算机辅助教学的概念、特点、形式、优势和不足

一、基于网络的计算机辅助教学的概念及特点

信息技术的不断发展，推动了传统教学方式的变革，以"黑板+粉笔"为主的传统课堂模式受到冲击。尤其是在当前推行素质教育的背景下，网络辅助教学不失为推动新时期教育发展的有益尝试。

（一）基于网络的计算机辅助教学的概念

基于网络的计算机辅助教学是一种借助计算机网络实施教学的新型教学手段，以教师为主导、从学生为主体的思想贯穿教学过程始终。其主要通过网络技术和网络信息资源，呈现与教学相关的内容，弥补传统教学的不足，从而改善教学质量，提高教学效率。

基于网络的计算机辅助教学的内涵，我们可以从两个方面来理解。一是引入理论。新的教学方式离不开新的教学理论的支持，基于网络的计算机辅助教学是新的教学方式的尝试，需要引入新的教与学的观念和理论，将教师从传统的教学主导者的角色转变为教学活动的组织者、指导者、帮助者，学生从被动的知识接收者转为积极主动的思考者、探究者。二是引入技术。基于网络的计算机辅助教学，是以计算机为基础，以信息技术为保证的。而传统的教学以"黑板+粉笔"为主，在教学过程中很少或几乎不涉及技术的参与。引入基于网络的计算机辅助教学就需要教师在教学过程中加强信息技术与教学的融合。

基于网络的计算机辅助教学不同于传统教学，也区别于单纯的网络教学。它是在这两种教学模式的基础上发展而来的。作为新时期教育的主要手段之一，

基于网络的计算机辅助教学的实施，虽是对传统教学的突破，但并未完全脱离传统课堂教学环境；虽吸收了网络教学的优势，但对网络教学的开放性并未完全吸收，其有着自身的特点。

（二）基于网络的计算机辅助教学的特点

1. 具有丰富的教学资源，实现资源共享

在传统教学模式中，师生获取知识的来源比较单一，以书本和参考书为主。基于网络的计算机辅助教学，在传统教学模式的基础上，还能够借助网络功能，获取更多的教材以外的教学资源，不仅包括本学科的专业知识，还包括与之相关的其他知识，对丰富知识储备、开阔眼界具有积极作用。此外，基于网络的教学资源，还具有图文并茂、声像兼顾、动静互补的特点，交互式人机界面，能为学生提供符合人类联想思维与联想记忆特点的、按超文本结构组织的大规模知识库与信息库，为自主学习、合作学习提供良好的交互情境，有助于调动学生学习的积极性，激发其学习的动机。在信息化背景下，资源共享是信息化时代为人类社会带来的一大便利条件，教育管理者可以利用互联网实现资源共享的优势，广泛收集学科优秀教师的经典教案，或是有价值的教学素材，经筛选整理后上传至校园网上，供师生参考借鉴，实现资源的共享。

2. 教学方式灵活多样，实现多向教学交互

网络化的特点是人们能够不受时间和空间的限制，自由交互。这也成为基于网络的计算机辅助教学的一大特点。交互是在教学过程中必然会发生的行为，在传统教学过程中，无论是有意识或无意识，也无论是教师与学生之间，还是学生与学生之间，交互都伴随着教学的开始而发生，伴随课堂的结束而结束。在基于网络的计算机辅助教学中，交互可以随时进行，即使在课外，网络也为师生互动提供了可能。师生间或者学生间可进行网上交流或者小组讨论。

网络的便利性也为学生间的交互提供了条件，教师可以设置问题情境，引导学生发挥思维能动性，通过开展灵活多样的互动方式，如小组讨论式、问题探索式、项目研究式等，让学生在研究性和协作性的学习活动中提升发现问题、解决问题的能力。

由此可以看出，无论是教师对教学资源的搜集、为学生提供学习协助，还是学生间的合作探索，都说明网络成为师生交互的重要媒介。

3. 在教学活动组织中提倡以教师为主导、以学生为主体

在长期以来的教育中，教师是知识的播种者与传播者，一直被视为课堂的

主导者。在课堂教学中,教师具有绝对的权威,而学生则处于从属地位,对于教师的安排需要做到绝对服从。随着信息化社会的发展,以及人们对现代化教学理念的深入研究,教师在课堂上的统治地位逐渐被动摇。产生于这一背景下的基于网络的计算机辅助教学,理应遵循现代化科学教育理念,树立以学生为主体的思想。教师的角色逐渐转为引导者、帮助者,在教学过程中,更多的是协助学生完成探究式的学习任务。

基于网络的计算机辅助教学打破了教师权威的局面,使师生的地位变得平等。在教学过程中,教师既可以是知识传授者的角色,传授知识,学生也能够有机会向教师提问、质疑,双方在探讨、交流的过程中相互学习,取得进步;教师也可以是引导者的角色,引导学生发现问题、合作探究,进而解决问题,能够促进学生个性化发展和创新精神的培养。

4.提供学生个性化学习、教师因材施教的良好环境

在教学过程中,不可否认的是学生差异性的存在。教育要实现学生的全面发展、协调发展,就需要教育者采取有效措施,不断缩小学生间的差距。而传统教学受到应试教育的影响,成绩及升学率成为衡量教学效果的标准。加之教学任务繁重,给教师造成极大的压力。教师很难顾及所有学生,尤其是知识水平稍差的学生,学生对知识的理解和把握程度也就不同。在这样的状态下,学生间的差距是显而易见的,而且也会呈现加大的趋势。

基于网络的计算机辅助教学,不仅简化了教师的工作量,而且能够为不同能力水平的学生提供差异化的学习条件,也为学生自主学习提供了机会。利用网络不受时空限制及可以资源共享的优势,学生能够利用课余时间丰富知识,查漏补缺,按照自己的学习状态,选择适合自己的学习进度。教师也可通过网络平台,给予学生适时的引导,帮助学生进行知识的意义建构。

二、基于网络的计算机辅助教学的基本组织形式及类型

要想有效发挥基于网络的计算机辅助教学的效果,就需要充分了解基于网络的计算机辅助教学的组织形式,在此基础上才能够做到有的放矢。

(一)基于网络的计算机辅助教学的教学组织形式

为完成特定的教学任务而安排相应的教学方式、教学步骤、教学内容、教学策略等的组合形式,被称为教学组织形式。教学内容的安排是教学组织形式的核心。基于网络的计算机辅助教学需要教师根据特定的条件,如时间和空间

条件，组织学生，并建立集体、小组或个体间的联系，以安排和实施教学活动。教学组织形式并不是单一的、固定的，尤其是基于网络的计算机辅助教学，其教学组织形式更是多样化的，教师和学生可以根据实践情况自主选择，前提是保证学生的自主学习及发展。

（二）基于网络的计算机辅助教学的教学组织形式的类型

1. 集体讲授式

基于网络的计算机辅助教学，虽然是教育现代化的产物，顺应了时代发展的趋势，但并不意味着坚持这种教学方式就要摒弃传统的集体讲授式，相反，传统的集体讲授式，是基于网络的计算机辅助教学众多教学组织形式中的一种。教育信息建设的推进，使多媒体网络教室和虚拟学习社区进入大众视野，凭借其自身的优势，很快在教学领域获得一席之地，并为传统的课堂教学增添了新的活力。

在基于网络的计算机辅助教学背景下的集体讲授式的特点与传统的集体讲授式差别不大，不同的是网络技术的引入改变了集体讲授的道具，不再是"教师+书本+黑板"，而是借助计算机设备，转变为网络终端的屏幕呈现。在这一过程中，教师的讲与学生的听、看是一样的，不同的是听、看的内容更加丰富化、生动化及多样化，对学生形成多感官刺激，教学效果更好。

在传统集体讲授式课堂上的教师提问、学生回答的环节，也同样适用于基于网络的计算机辅助教学内容的讲授，师生间的问与答都可以在网络上操作，以电子形式进行发问、提问及解答。

基于网络的计算机辅助教学的集体讲授还有一个很重要的特点是，可以实现超文本、超链接方式组织和管理学科知识和相关的教学信息，便于学生进行知识的巩固与延伸。

2. 个别辅导式

基于网络的计算机辅助教学，凭借其网络交互的功能，能够较好地开展个别辅导式教学组织形式。这一形式可以通过两种方式来完成：一种是在线式辅导，另一种是非在线式辅导。

在线式辅导主要通过网络的在线沟通功能，如QQ、微信、聊天室等实现在线交流。在线辅导有一点需要注意，即双方同时在线，也就是需要保证良好的时间同步性。这是一种实时的个别辅导，辅导内容不限，可以是教师针对某一知识重难点，给予的辅导，也可以是学生针对某一问题，寻求教师的帮助。

非在线式的个别辅导对双方时间没有同步性要求，只要学生遇到问题，可以随时寻求教师的帮助。常见的寻求帮助的途径有发电子邮件、发短信息等。这是一种非实时的个别辅导。不同于实时辅导反馈的及时性，这种形式的辅导的所问问题与问题反馈通常不同步。即学生可随时请教，但不一定能获得及时解答。

3. 网上讨论式

讨论是学习的重要形式之一，也是一种很有效的教学形式，在讨论中获得知识比直接得到知识印象更深刻。讨论是学生进行知识建构的良好途径。基于网络的计算机辅助教学的讨论，一般通过在线聊天系统进行。在实施网上讨论式教学组织形式的过程中，学生是讨论的主要参与者，教师是组织者、引导者，教师负责为课程选定不同的教学主题。教学主题需要根据学科教学状态及学生的特点进行设定，教师同时还负责教学监控与管理。在教师提供主题之后，学生可根据自己的知识水平、兴趣爱好等选择自己感兴趣的特定主题，教师可给予学生准备的时间，准备之后由学生发表自己的观点，并针对别人的意见进行讨论。在整个过程中，学生的信息是对所有的讨论参与者公开的。

教师对讨论过程的监控与管理是保证有效讨论的基础和前提，以避免讨论偏离教学主题。教师是讨论式教学组织形式的组织者、引导者，并不是说讨论活动的问题只能由教师决定。在教学实践中，根据教学的需要，学生也能够提出讨论的话题，而且由学生提出的话题更贴合学生的实际，也更能调动学生讨论的兴趣和积极性。

除此之外，讨论的方式也不是固定的，在线实时讨论与异步非实时讨论皆可。在讨论的过程中，教师既可以作为观察者，适时引导学生，以保证讨论的顺利进行，还可以参与其中，实现师生交互，以增进师生感情。

4. 自主探索式

自主探究也是重要的教学组织形式之一。基于网络的计算机辅助教学的自主探究，是教师充分利用网络信息搜集与存储的功能，将教学内容及材料存放在网络服务器上，并提供给学生与真实情况相似的项目或实际问题，让学生通过信息收集、综合分析、抽象提炼、反思等环节来进行自主学习相关学科内容的一种方式。

这一教学组织形式的特点是，教师不再是知识的直接灌输者，而是强调学生学习的主动性，鼓励并引导学生借助工具资料，进行探究，通过发现问题、分析问题、归纳总结等，实现知识的内化。网络化的发展，为学生自主探究创造了条件，学生可以借助网络的功能，一是利用资源共享，方便地查找自己所需的资料，搜集信息的方式更加多样化；二是借助实时交互，获取更多的帮助，这些都有助于探索的顺利进行。在这种背景下，学生从"等、靠"的被动学习态度转变为积极主动地探索，学生的创造能力在探索的过程中得到增强，分析问题、解决问题的能力也不断提升。

5. 小组协作式

协作学习是以培养学生合作意识为目的的自主学习方式。基于网络的计算机辅助教学的小组协作，是在网络背景下，基于网络多媒体技术所进行的合作学习模式。在这一学习过程中，教师将学生分为若干学习小组，或者由学生自由组合，成立学习小组，然后就某一主题或学习内容，以小组为单位，在小组范围内进行合作、交流，教师进行指导，从而达到自主学习的目的。

协作学习是建构主义理论教学思想，开展协作学习的形式是多样的，以竞争、协同、伙伴及角色扮演为主。竞争是为达到较好的学习目标而在小组之间或是小组成员之间开展的一种相互追赶的学习方式，有助于激发小组成员的学习动力；协同是为达到共同的学习目标，或是完成同一学习任务，或是解决同一问题而相互帮助或分工合作；伙伴是志趣相同的学生所组成的小团队，团队中的成员皆为伙伴关系，成员间针对感兴趣的问题相互切磋、交流，直到问题解决；角色扮演是为协作学习创设的良好的情境，基于网络的计算机辅助教学能够利用网络的虚拟空间给予学生不同的角色，让学生从不同的角色中获得身临其境的体验，能够给学生留下更深刻的学习经验，也使其更好地理解他人的立场和态度。

三、基于网络的计算机辅助教学的优势与不足

科学技术的不断发展与进步，推动着社会的变革。信息化已成为现代社会的突出标志。网络和多媒体的出现，对人们的生产和生活有着深刻影响，尤其是对学校教育的影响更大。利用现代化技术可以构建虚拟的教学空间，学生在这个空间中能够构建自己的学习模式，获得各种图、文、声、像并茂的学习资料，且更加便捷、学习内容更加丰富。此外，互联网还提供了科学、规范、高效且具有针对性、适应性的技能训练。更重要的是通过互联网，教师和学生不受时间、地域的限制，能随心所欲地进行教和学。总而言之，互联网的发展，对于现代教学具有重要的影响。

计算机辅助教学理论与实践研究

（一）基于网络的计算机辅助教学的优势

计算机技术的不断发展给人们的生活带来了极大的便利，利用计算机进行的网络教学，不仅能够提高教学效率，还因其丰富的教学内容极大地调动了学生学习的积极性，教学效果也随之提升。同时，网络教学打破了传统单一的教学模式，学生自主意识得以激发，学习的主动性得到提高。

此外，信息技术的发展，使世界之间的联系更加紧密，信息的传递与交流也变得极为迅速，各种网络平台层出不穷，学习资料应有尽有。现代网络化的最大特点就是公开化程度高，从而使教学过程也朝着国际化、公平化和透明化方向发展，学生足不出户就可以学习各大高校名师的公开课。总体来讲，基于网络的计算机辅助教学的优势归纳起来有以下几点。

1. 能够实现教学过程的实时性

网络具有实时性的特点，通过应用先进的通信技术和网络技术，能够实现教学过程的实时性，即实现异地的教学同步，实现教师和学生交流实时进行，有利于教师及时从学生处得到反馈，也有利于学生及时向教师提出问题，从而使教师可以及时帮助、引导学生解决问题，提高教学质量及学生的学习效果。此外，教师与学生通过及时的交流沟通，可以拉近距离，有利于建立良好的师生关系，促进教学的顺利进行。

2. 能够实现教学过程的交互性

在网络技术的支持下，教师在教学过程中可以利用网络向学生提出问题并引导学生进行讨论回答，学生也可以通过网络向教师提出问题，教师通过网络为学生解答。这样，教师和学生相互沟通，进行双向交流，教与学相辅相成，达到教师与学生在交流中相互促进的效果。

3. 提供了丰富的学习资源和良好的沟通平台

首先，利用网络技术，在教学过程中引入音频、视频等，使课堂教学变得生动，能够为学生提供更多的学习空间，学生根据自身的个性及需求，可以自由选择学习内容、学习形式，网络在更大程度上提高了教学的广度和深度。

其次，网络信息资源丰富，各种教学资料应有尽有，图片、视频都可以作为教学辅助手段，同时，网络教学不受时空限制，学生在学习中遇到问题，能够在线求助教师或同学，及时获得他们的帮助，提高学习效率。

4. 能够促使教学过程更具针对性

网络在教学中的应用，使教师可以根据学生的学习情况及时地调整教学内容,并且有针对性地对不同的学生进行不同的辅导,做到因材施教,以达到最佳的学习效果。通过网络,学生也可以根据自己的具体情况自主地安排学习,包括自主学习的内容、学习时间和学习进度。实际上,现代网络教学主要采用同步式和异步式这两种教学模式。同步式教学模式是指采用定时的方式,实现实时交互的多媒体教学模式。同步式教学模式以视频广播等为主要实现手段。异步式教学模式是指采用非实时交互的多媒体教学模式。异步式教学模式以网络浏览和视频点播方式为主要实现手段。

5.能够为学生自主学习创造条件

网络化的最大特色就是信息普及,获取信息的手段便捷,不受时间、空间的限制。在各大网络教学平台,学生有足够的自主权,完全能够根据自己的需要和兴趣选择适合自己的教学内容,自主安排学习时间、学习进度,真正实现自主学习。

(二)基于网络的计算机辅助教学的不足

随着信息技术的发展,各种现代化教学手段被引入课堂,基于网络的计算机辅助教学已在各大高校普及。教学手段的现代化,给师生带来了极大的便利,各种教学资料应有尽有,获取信息的渠道也更加多样、便捷。借助多媒体设备,音频、视频可以解决许多以前棘手的教学问题,使课堂教学形象化、生动化、趣味化,其对学生产生的吸引力也是显而易见的。任何事物都具有两面性,基于网络的计算机辅助教学也是如此,其不足之处,也是值得教育者关注的。

1.过度依赖网络,淡化课堂教学情感

在传统教学中,师生间往往面对面交流,教师能够直观地观察学生的学习状态,了解学生的学习情况。在网络背景下,教师退居幕后,只能够通过教学反馈来了解学生的情况。与传统教学相比,网络教学主要是人机交流,在情感培养和人格塑造方面,无法与教师的言传身教相比。在网络教学中,过度依赖网络,一切通过计算机完成,减少了师生互动的过程,以及降低了学生的思维能力,不利于师生间信任感的培养。

2.远程教学较松散,不容易控制

基于网络的计算机辅助教学,是以网络为基础的远程教学的一种形式,教学具有松散性的特点,而传统教学能够实现教师对课堂的直接管理。基于网络的计算机辅助教学,一方面,为学生自主学习创造了条件,另一方面,也对学生的自主性提出了要求,有些学生的自律性差,自学能力不足,缺乏自控能力。

对于这一点,在基于网络的计算机辅助教学中,教师无法做到全面有效的干预,故而这种教学形式不能发挥面对面教学的督促作用,这是其不足之处。因此,网络教学要培养学生的参与意识,也要促使学生具备较强的自律性,使其享受学习的乐趣。

第三节　基于网络的计算机辅助教学系统设计与实现

互联网技术的普及是当今时代的一大特征,网络技术被引入教育领域是教育现代化发展的标志。基于网络的计算机辅助教学属于教育学的一个分支,具有传统教学模式无可比拟的优势。很多教师开始采用这种方法来提高他们的教学效率。

一、教学系统设计相关概念

(一)教学设计

1. 教学设计的定义

综合国内外学者对教学设计的研究,教学设计的定义主要有以下三种观点:第一种观点是以加涅对教学设计的定义为基础的,加涅认为教学设计就是对教学过程的设计,包括教学内容、教学方法等的设计,认同此种观点的人认为教学设计就是对教学进行规划的过程;第二种观点以我国教育技术学学者钟志贤为代表,他认为教学设计是一种方法,这种方法能有效地帮助教师进行内容、策略的设计,认同此种观点的学者认为教学设计具有评价教师教的过程和学生学的过程的作用;第三种观点主要以浙江师范大学鲍嵘的观点为代表,她认为教学设计是一种能使教学活动变得更加生动、活泼、有效的技术,认同此种观点的人认为教学设计是教师向学生传输知识的过程,这种过程实际上是一种技术的传输。

笔者认为,加涅对教学设计的定义是最具有代表性的,即教学设计是对教学的统筹规划。教学设计是整个教学过程的首要环节,它在实际教学活动中发挥着重要作用,既可以对教师的教学内容、教学进度等进行指导,又可以加强师生之间的互动,使课堂教学合理、有序地进行。教学设计有两个特点:一是教学设计的出发点是学生的实际需要,即与学生的日常生活紧密相连;二是教学设计是一个规划的过程,它包括了教学的整个阶段,是教学顺利进行的基础和保障,是理论与实践相结合的桥梁。

2. 教学设计的层次

（1）教学系统设计

教学系统设计是教学设计的总体设计，是针对学校系统、培训系统的设计，是教学的必要基础。

（2）教学过程设计

教学过程设计需要教师对整个教学内容有一个整体的把握，在设计教学时，需要把各个阶段的内容整体、均衡分配，具体到每一单元、每一节课。

（3）教学产品设计

教学产品设计主要包括教师在教学时使用的方式，如计算机的使用、PPT的设计等。

3. 教师教学设计的能力

教师教学设计的能力高低直接体现在教师课堂教学的效率上，即教师的课堂教学是否是有效教学。教师在设计教学时，要对教学诸要素进行合理整合，形成完整的教学系统，让学生在学习过程中对知识有充分的理解。学生理解、掌握知识的多少直接体现了教师教学设计能力的强弱。

教师教学设计的能力有两个特性。一是教师教学设计的能力是教师完成教学活动所必须具备的能力，教师教学设计的能力要求教师必须具备分析能力、整理能力、综合能力、创新能力等多方面的教学能力，这是保证教学实施的前提。教师教学设计的能力与教学活动密切相关，它既是教学活动的先决条件，又贯穿于整个教学活动之中，并通过学生对知识的掌握程度体现出来。二是教师教学设计的能力是保证课堂教学顺利进行的保障，教师要想将教学内容完整、细致地传授给学生，在设计教学时就需要格外用心，在教学目标、教学内容、教学评价等方面的设计上，要根据学生的身心发展特征合理进行，对于知识等方面的整理要符合学生的最近发展区，确保学生全面发展。

在实施计算机辅助教学的过程中，教师在进行教学设计时需要综合把握计算机技术与学科课程两方面的特点，从教学内容及学生的特性出发，进行教学设计的优化，尤其要注意以下几点：一是教学设计的可操控性；二是教学过程的可拓展性；三是教与学的结合；四是学习环境的设计。

（二）系统理论

系统是相对于部分而言的，将分散的各个部分有序地组织起来，构成一个完整的整体，就形成了系统。系统论的创立者美籍奥地利人、生物学家贝塔朗菲将系统定义为，系统是处于一定相互关系中的与环境发生关系的各组成成分

的总体。笔者认为，系统是由若干要素以一定结构形式构成的具有某种功能的有机整体。这一观点也适用于教学系统，构成教学系统的要素包括学生、教师、教学内容、教学媒体等。所谓教育系统论即采用系统分析的方法，研究系统与部分、整体与外部环境之间的各种联系、作用和制约等关系，寻找最佳的问题处理方式。作为有机的整体，要达到最佳的效果，单靠某一方面的优化是难以实现的，需要着眼于整个系统，使整个系统的各要素之间相互促进、协调发展。

（三）系统设计需求

1. 系统设计目标需求

（1）功能目标

目标是系统设计的方向，也是系统设计的前提。根据教学需要和学生情况，系统的设计应达到以下的目标。

一是满足教学的需要，准确、生动。这样才能给学生留下深刻的印象，促进学生知识的积累，实现育人的目的。

二是简单明了，主次分明。这样便于学生对重难点的把握。

三是人机交互界面与控制功能良好。这便于人机交互，促进学生积极性与能动性的发挥。

四是功能应尽量齐全，便于修改。对于教师和学生而言，要满足其易教易学的需求。

五是能够给人以视觉美感，布局合理，美观大方。

（2）其他目标

除以上功能目标外，系统设计还包括实用性需求和操作便捷性需求。前者要求系统的设计要避免华而不实，设计应为教学服务，为教学提供方便。而后者则要求系统的设计要考虑不同用户的能力水平，从便于操作的角度出发，避免烦琐。

2. 系统设计原则需求

教学系统的设计需要从构成教学整体的各要素出发，以实现教学效果的最大化。基于网络的计算机辅助教学，不仅能够对传统课堂教学进行扩展，而且可以为师生提供资源共享和交互的平台。系统的职责是辅助学生完成自主学习。因此，在系统设计过程中应遵循以下原则。

（1）实用性原则

教学系统的设计，不应过度关注形式，而应从实际出发，兼顾教与学的需求，根据教学实际适时做出调整。

（2）易用性原则

教学系统的设计是服务于教学实践的，过于烦琐、复杂的系统不仅不便于教学操作，更是对教学无益。因而系统的设计应考虑用户的知识结构和操作水平，力求化繁为简。

（3）交互性原则

现代教育理论强调教学过程中的互动，以网络化为背景的教学系统设计，更应强化这一原则，丰富师生、生生、人机互动的形式。

（4）可扩展性原则

在信息化社会，技术的发展日新月异，教学系统的设计也应该重视系统更新功能，添加可扩展性模块，以便于及时对系统进行更新维护。

（5）安全性原则

尽量保持系统运行的可靠性和安全性。

3. 系统功能需求

（1）管理员功能要求

管理员通过系统主页登录，进入系统管理页面，可以对系统用户的信息进行审核、修改和删除等操作，可以在公告栏中或是在答疑页面中进行系统的维护与管理，以保障系统正常运行，保障教学活动的顺利开展。

（2）学生功能要求

学生作为教学的主要参与者，以及教学的主体，教学系统的设计应充分考虑学生的能力水平与学习需求，要便于对学生兴趣的激发和能动性的发挥。学生功能要求包括：拥有一定的自主权，可以自由安排学习进度，自主选择学习内容；通过自我测试或网上提交作业的形式，巩固所学内容；对于学习中的问题能够得到教师及时的反馈。

（3）教师功能要求

教师是教学活动的组织者和设计者，教学系统的设计应充分发挥教师的主导作用。具体而言，教师功能要求包括：教师对测试题题库及知识库的维护和更新，对学生网上提交的作业进行反馈，对学生的问题进行解答等；系统管理模块具有可控性，便于教师进行管理和维护；教师还可以在作业提交页面上进行作业布置、批改等操作。

二、基于网络的、学教并重的计算机辅助教学系统

教学活动的开展离不开科学的教学思想、教学理论和学习理论的指导，基于网络的计算机辅助教学也是如此。其教学系统结构是在网络情境下进行的教学活动的稳定结构形式。在传统教学活动中，教师、学生和教学内容构成了教学系统的主要组成部分，而在网络背景下，以网络为基础的教学媒体成为教学系统的另一要素，故教师、学生、教学内容和教学媒体成为现代教学系统的四个要素，这四个要素相互联系、相互作用，是教学系统结构的具体体现。

教学系统的结构经历了从以教师为中心到以学生为中心的逐渐转变。在我国学校教育中，教学主要以这两种形式为主。以教师为中心的教学系统表现为，教师居于主体地位，是知识的传授者，教师讲、学生听，教师安排、学生服从，教师对教学活动具有绝对的掌控权，学生属于从属地位，被动地接受知识。教材是学生唯一的学习内容，教学媒体是辅助教师教学的演示工具。这一教学系统的优势在于有利于发挥教师的主导作用，有利于教师对教学活动的管理，能够保证系统知识传授的良好氛围。但是其忽视了学生的主体作用，抑制了学生思维的发展，不利于学生主动性及积极性的发挥，更不利于创新人才的培养。

而受传统教学理念的影响，以教师为中心的教学系统短时间内很难完全转变，在未来的一段时间内仍将占主导地位。

随着教育理念的不断发展，以及素质教育思想的逐步渗透，以教师为中心的教学系统开始向以学生为中心的教学系统转变，并逐渐成为教育者关注的焦点。以学生为中心的教学系统，强调教师是教学的组织者、指导者，教学活动要围绕学生开展；教师的作用在于帮助学生主动进行意义建构；教学内容的选择要适应学生的年龄、个性、真实兴趣、认知规律等心理因素，要基于学生目前的经验、知识和能力水平、发展方向、教学环境条件等教育因素；教材不是学生唯一的学习内容，尤其是网络环境的发展，丰富了学生自主获取学习内容的途径；教学媒体是促进学生自主学习的认知工具。

这一教学系统是科学教育理念、教育思想的体现，是推进素质教育必须坚持的方向。其优势是毋庸置疑的：一是有利于学生主体地位的突出，激发学生的积极性、能动性；二是有利于学生主动发现、主动探索，培养学生的创新思维能力；三是有助于培养学生的自学能力和主动获取知识的能力。值得注意的是，为避免以学生为中心的教学系统极端化，需要在突出学生主体地位的同时，加强教师的主导作用，以避免因学生过分自由而出现违背教学初衷的情况。

基于网络的计算机辅助教学是一种新型的教学形式,为最大限度地发挥其教学效果,就需要综合考虑以上两种教学系统。鉴于二者各有利弊,应将二者结合起来,实现优势互补,不失为一种全新的尝试。学教并重的教学结构便是这种新的教学结构的体现。其特点是既强调学生的主体地位,又兼顾教师的主导作用。

学教并重的教学系统由两个分支组成,即"传递—接受"和"组织—发现"。第一个分支内容包括:确定"先行组织者"、根据"先行组织者"与"学习主题"的要求选择与设计媒体、设计教学内容的组织策略等。第二个分支内容主要包括:情境创设、信息资源提供、自主学习策略设计、协作学习环境设计、学习效果评价等。无论哪一分支,都是建立在科学的教育思想与学习理论基础上的,不仅适用于指导课堂教学,也可适用于指导基于网络的计算机辅助教学。

三、基于网络的计算机辅助教学系统的设计

基于网络的计算机辅助教学为教师提供了远程教学功能,使计算机辅助教学从单机走上网络化,丰富了教学内容与形式,促进了教师教育方式的改进,有助于提高课堂教学的生动性和趣味性,对于提高学生的认知能力和接受能力有一定的促进作用。因而,基于网络的计算机辅助教学系统的设计,需要激发教师的创造性,使教学系统的设计最大限度地提升教学效果。

(一)设计原则

随着我国经济发展水平的迅速提升,网络的应用也越来越广泛,信息化教学的理念和实践也越来越深入人心。由此可见,信息化教学的出现和发展适应了当前社会发展的趋势,成为当前教学实践的中坚力量。基于网络的计算机辅助教学便是教学内容信息化与教学手段现代化的集中体现。其教学系统的设计应把握以下几个原则。

1. 明确系统设计目的和使用对象原则

基于系统设计的需求分析中,已提出了设计的目标需求。目标是一切活动的前提,是指导教学过程的核心。目的明确才有助于设计活动朝着正确的方向开展。系统设计目标的优化有助于教学最终目标的实现。

系统设计的目的需要围绕用户来定,不同的用户,有着不同的使用目的。由于教学系统的用户,并不局限于教师,作为教学活动的主体,学生也可以是

教学系统的用户，因而，教学系统就需要满足教师和学生的需求，针对用户的不同特点，采取不同的设计策略和方法。

2. 接近原则

根据行为主义理论观点，人的认识是基于"刺激—反应"不断循环的过程进行建设加深对于该刺激的印象。基于网络的计算机辅助教学系统在设计中，应该强化刺激的作用，以此促进学生学习。具体而言，在充分发挥网络功能的基础上，选用合适的、对学生的视觉、听觉有刺激性的图片或音频，吸引学生的注意力，并通过视觉、听觉的冲击让他们在短时间内深刻地理解教学内容。其还可以通过增加课后练习和测试模块，以此达到使学生巩固所学知识，保证记忆深刻性的目的。

3. 重复原则

现代教育理念强调在教学过程中学生的主体地位不动摇，这就决定了教学设计应该面向学生，激发学生的探索精神及学习的自主性，是基于网络的计算机辅助教学的主要任务。因此，在教学系统中要树立以学生为中心的设计思想，以学生的认知结构和记忆特点来进行教学系统的设计。学生记忆的一大特点就是重复性的知识结构化记忆，在系统设计中就要结合一些重复性的练习加深学生的记忆。

4. 及时反馈与强化原则

反馈对学生来说是教学过程中很重要的一环。反馈的准确性与及时性与学生知识的改进、能力的提升有着直接的关系。因此，系统对于学生的评价不仅要准确、全面，还应该具备及时性的特点，以强化学生的记忆。也就是说，当学生在基于网络的计算机辅助教学系统中学习或练习时，系统要针对学生的学习情况和态度，或者是练习的结果，进行客观的评价，及时给出评价结果。对于表现好的，或是正确的回答，系统及时反馈，给出相关的知识点，以赞扬为主；而对于表现欠佳或是错误的答案，则可以给予提示，并展示解题步骤和解题思路，供学生参考。

5. 资源丰富性原则

网络与教学的结合最大的优势便是可以借助信息技术，将网络丰富的素材资源用于对教学内容的补充和扩展。基于网络的计算机辅助教学系统不应该仅满足于对书本知识的展示，而应发挥网络和计算机的优势，利用现代化的手段，不断挖掘信息资源的价值,整合各种优质教学资源,并进行合理利用,以此增加资源利用的有效性,满足学生越来越高的学习要求。

(二)教学系统设计模块划分

基于网络的计算机辅助教学系统,按其功能模块划分,主要有三大模式,即学生子系统、教师子系统、管理员子系统,如图5-1所示。

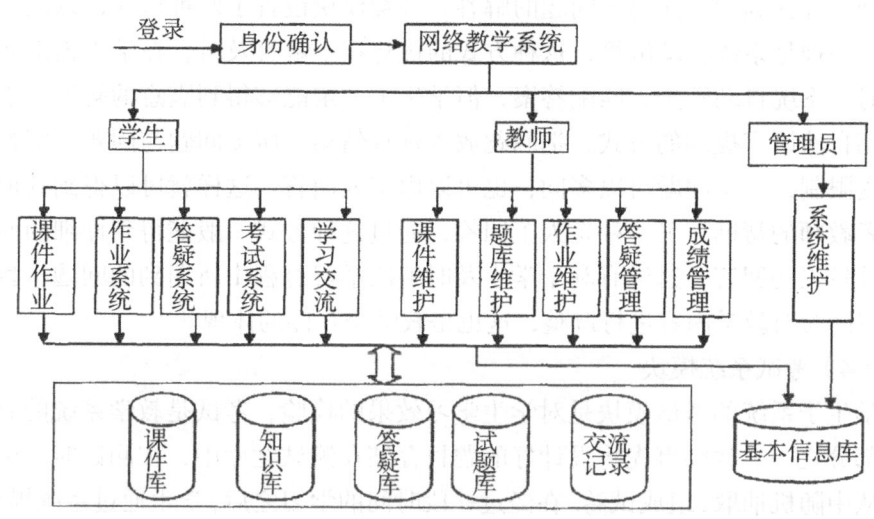

图5-1 教学系统功能模块图

1. 学生子系统

学生子系统的主要功能是方便学生自主学习,具体内容如下。

(1)课件学习模块

该系统模块的存在主要是通过提供与教学相关的课件来引导学生对课件的学习。课件内容通常是以网页的形式呈现的,不仅能够满足课堂教学的需要,也能满足学生的自主学习需要,可供学生根据自身实际,自由安排网上自学。基于网络的学生子系统的特点在于,其具备强大的链接和导航功能,为用户获取其所需信息提供了便利。

(2)作业系统模块

该模块设置的目的是通过练习,加深学生对知识的印象。这一模块包括作业布置与测试两部分,两者是不同的,作业布置的范围要小于测试,它的题目范围仅固定为某一章节或仅限于当前所学的内容。学生在完成一部分内容的学

习后，通过课程学习界面，便可直接进入与之相应的作业模式。学生完成作业提交便可直接将解答信息发送到作业解答数据库中，教师根据学生完成的情况及答题质量给出反馈，并将反馈信息存入数据库，供学生查看。

（3）答疑系统模块

考虑到学生的能力水平，该模块设置了答疑功能，便于学生对于学习过程中问题的解决。学生可在疑难信箱中提出自己的问题，系统将把这些问题实时传送到系统数据库。而对于问题的解答，答疑模块设置了两种形式，以供学生选择。一种是系统自动解答，这种方式的优势在于解答及时，在学生提出问题的同时，系统自动筛选，匹配答案，但学生不一定能够得到满意的解答。学生可采用自然语言提问的方式，把问题放入疑难信箱。所提问题与问题的解答，都不受限制，一个问题可以多问，也可以由多人回答。这样就可以得到其他学生或者教师的帮助。另一种是人工回答，通过这种方式一般能得到详细的而且针对性较强的回答。这样有利于学生及时解决学习过程中所遇到的问题，教师则可以随时对教学内容进行调整，这也是教学交互性的体现。

（4）考试系统模块

学生子系统的考试模块是对学生学习效果的检验，考试是教学系统的有机组成部分之一。教师事先将设计好的题目存储在测试题库中，在测试时，由计算机从中随机抽取，组成试卷。在经过一段时间的学习之后，学生通过系统界面，进入远程测试过程。测试子系统所呈现的测试内容可囊括日常教学中常见的多种题型，测试结束，学生提交完成，由计算机自动评分并将成绩保存到学生成绩数据库中。

（5）学习交流模块

学生子系统设置了供学生之间交流的空间，学生通过系统界面，进入这一空间，与其他学生探讨所学内容的某一方面，或者发表自己的观点以供他人参考。除此之外，学生还可以对他人意见做出回应，在探讨中使问题明确化，共同取得进步。这样，网络教学系统便不再仅仅是学习者单独的学习模式，而是将各个独立的学习者联系起来，形成一个相互交流的学习团体。

2. 教师子系统

在教学活动中，教师是教学的组织者和引导者，因而，教师子系统也应基于教师的角色与职能而进行设计。教师子系统赋予教师访问者的权限，让教师对教学的各种信息进行实时监督与管理。

（1）课件维护模块

教师是课件的制作者，负有对课件内容的更新与维护的职责。该模块的设置意义便在于此。

（2）题库维护模块

试题是检验学生学习效果的主要形式之一，而试题的质量直接影响着效果的评价。题库维护模块就是通过试题质量的把控，建立一个好的课程试题库，并对试题库及时维护与更新。

（3）作业维护模块

教学活动以学生为主体，教师从旁指导，对学生的评价和建议需要教师去完成。故而该模块便是针对学生子系统中作业的完成情况的管理与维护，需要教师及时做出反馈。

（4）答疑管理模块

答疑管理模块是教师针对学生的在线提问或是存储于数据库的留言进行解读的功能设置。如教师在疑难信箱中可对学生所提问题给出解答；进行在线讨论时可针对不同类型的问题发表相关的、总结性的意见等。此外，系统还支持对相关数据的维护。

（5）成绩管理模块

成绩能够直观反映学生对于某一阶段知识的掌握情况。成绩管理模块的设置便于教师对学生成绩进行横向与纵向的比较，从而对学生做出全面评价。成绩管理模块的设置功能便在于此。作业成绩和测试成绩都是教师管理与维护的内容。

3. 管理员子系统

管理员是教学系统的主要管理者，负责保障系统的正常运行。管理者的职能包括对整个系统的一些基本数据的维护，如对系统用户基本信息的管理，如用户的注册信息、性别、密码等。学生使用教学系统的前提是学生在网上完成注册申请，经由管理员批准，方可进入网络成为注册会员。此外，管理内容还包括课程内容及成绩等。系统中的档案管理也是管理员管理的职能范围。基于网络的计算机辅助教学系统应能识别学生的身份，并随时记录学生在学习过程中的有关信息，以保证系统的安全性。

第六章 计算机辅助英语教学

第一节 英语教学概述

一、英语教学的内涵

英语在我国虽然得到了很大的重视,但是因为其并不是我国的母语,而仅仅是广泛学习的一门外语,所以相应的使用环境和使用对象等都是相当缺乏的,这就对当前的英语教学活动的开展提出了挑战。在当前的社会条件下,英语教学对学生的英语水平和实际应用能力是有直接影响的。从当前我国教学活动的开展现状来看,英语教学在其中是具有重要作用和地位的。从教师方面来说,教学是帮助和引导学生进行学习行为的教育活动;而从学生的角度来看,教学就变成在教师的指引和帮助下的学习活动。在教学活动的整个过程中,学生是否能够进步和发展是教学活动目标是否能够实现的关键和重要指标。教学简单来说就是教师教和学生学,实际上就是一个师生之间进行互动的过程,二者通过互动和协作共同完成预设的目标的一种活动。英语教学具体内涵主要包括以下几个方面的内容。

第一,英语教学并不是一个漫无目的的活动,其是具有一定的教学目标的。在不同的教学阶段,教学目标的内容、层次和范围等也都是存在一定差异的。第二,英语教学互动具有非常明显的系统性和计划性两个特征。首先,英语教学的系统性主要体现在对其开发者的定位上面,包括教育行政部门和机构、教学和科研部门以及具体学校中的教育教学管理人员等。其次,英语教学的计划性主要是指,针对英语基础知识开展的有计划性的教学行为,如英语词汇语法教学、阅读和写作教学等具体知识的传授。最后,在开展英语教学活动的时候应该采取适当的教学手段和方法进行。时至今日,英语教学已经发展多年,积累了相当数量的教学经验,也产生了较多行之有效的教学手段和方法。随着科学信息技术的不断发展,越来越多新的教学手段和技术被人们发现并应用于英

语教学活动中,发挥了很大的作用。

综上所述,对于英语教学的内涵,我们可以将之概括为,英语教学即英语教师将预先设定的教学目标作为教学依据,通过有计划的、系统的教学过程,利用适当的教学手段和方法,向学生传授和教导英语相关知识,帮助和引导学生掌握知识,提升其整体素质的一种教和学相统一的教育教学活动。

此外,我们还应该认识到,英语教学是一种语言方面的教学活动。作为一种应用非常广泛的、国际通用的语言,英语在人们交流和认识事物的过程中的作用都是非常显著的。从这一方面来看,英语教学是语言教学的一种,其非常重要的一个目的就是培养和提升学生的语言应用能力。对于我国而言,英语是一门较为重要的外语,所以英语教学属于外语教学的范畴。而从外语教学活动的发展历程来看,其始终是与相应的外语知识息息相关的,从外语教学的开展现状来看,基于外语知识开展的外语教学活动对于学生外语应用能力的提升具有很大帮助。因此,作为一种重要的语言教学活动,英语教学应该着重培养和提升学生应用英语的能力。需要特别指出的是,一些通过语言知识的学习进行专门研究的语言教学的主要目的并不是更加有效地应用语言,所以针对其开展的教学活动并不属于语言教学的范畴,如古汉语的相关研究活动等。因为古汉语在当今社会中是几乎不再使用的,其仅仅作为当时的一种文明成果,帮助人们更好地认识历史,所以此种类型的语言学习要和语言教学进行区分。

英语教学除了是一种语言教学活动之外,其还属于文化教学的范畴。具体而言,文化和语言具有十分紧密的关系,文化会孕育语言,而语言能够反映文化,二者相辅相成。因此,在开展英语教学活动的过程中,教师不仅要帮助学生了解和掌握基本的语言知识,而且应该培养学生的英语思维能力,以便今后更加顺畅地应用英语这一语言。从这一方面来看,英语教学是文化教学的一种。

二、英语教学的主要内容

(一)语言知识

语言知识是英语应用的综合能力中的一个重要组成部分,是学习和运用语言过程中非常重要的一个方面。学生的语言运用能力要想获得提升,就必须具备非常扎实的语言知识,这是运用语言的基础和前提。从此方面来看,英语方面的基础知识主要包括语音知识、词汇知识和语法知识,以及英语的功能和相关话题等方面的知识,不同种类的知识之间是相互影响和相互联系的。例如,语音知识和语法、词汇等知识能够通过相关的英语话题充分体现出来。因此，它们各自并不是孤立存在的，这就要求学生在实际运用语言的时候，不仅要掌握话题方面的相关知识，而且应该对于话题当中的语言形式所具备的功能和作用有一定的了解。简单来说，学生在既掌握了语音、词汇和语法知识，又对语言的功能和相关话题知识具有一定的了解和认知之后，便能够在交际活动中恰当地运用该语言。

（二）语言技能

在实际的英语教学过程中，"听、说、读、写、译"这五项技能和知识是必须涉及的，可以说，此即学生综合语言运用能力形成的基础和主要方法。在实际英语教学活动中，听、说、读、写、译五个方面的语言技能和综合运用能力缺一不可，需要全部包含于教学活动之中，其能够提供给学生体验和感知英语语言魅力的机会，能够帮助学生更好地学习和掌握英语方面的知识和能力。具体来说，在这五项基本技能之中，听即对语言知识进行理解和辨别的能力；说即以掌握的知识为基础进行口语表达的能力，也就是口语输出信息的能力；读即对书面呈现出来的语言进行理解和分辨的能力；写即以掌握的知识为基础，通过书面语言进行表达的能力，也就是利用书面语言输出信息的能力；译即综合运用掌握的语言知识进行信息输入和输出的能力。总体而言，学生综合运用英语知识能力的提升是建立在听、说、读、写、译大量的专项和综合性语言学习和运用的实践活动基础之上的，是需要为真正的语言交际进行服务的。在这一过程中需要注意一点，不同的教学阶段，教学任务和目标对学生的语言技能的要求是存在差异的。

（三）学习策略

所谓的学习策略就是指学生在具体的学习活动中为了获得更好的学习效果而采取的各种行为和手段。在英语教学中，学习策略主要包括认知策略、调控策略、交际策略和资源策略等。恰当有效的学习策略能够帮助学生改进学习方法，提升学习效果，更好地完成英语学习任务，也能帮助和指导学生更加高效地进行自主学习和独立学习，进而为其终身学习打下良好的基础。因此，在具体的英语教学实践中，英语教师应该有意识地引导学生找到最符合其自身特点和兴趣点的学习策略，要养成对自己的学习过程和学习效果进行反思和监控的习惯，培养和提升学生及时调整学习策略的能力。与此同时，英语教师还应该注意引导学生观察与分析他人的学习策略，与其他同学交流学习体会，尝试不同的学习策略，互相借鉴，共同进步。

（四）文化意识

文化意识也是英语教学内容的一个重要组成部分。在英语教学中，文化主要是指英语国家的历史地理、风土人情、传统习俗、生活方式、文学艺术、行为规范、价值观念等。语言与文化之间的关系十分密切，语言是文化的载体，又是文化的反映，学习英语必然要学习英语国家的文化知识。因此，在英语教学的过程中，教师应注意文化意识的渗透，结合学生的年龄特点及认知能力，向学生传授文化知识，培养他们的文化意识和世界意识。此外，教师还应注意引导学生在学习其他民族的优秀文化的同时实现更好地继承、发扬中华民族的优良传统，培养学生形成"传承文明，开拓创新"的意识和能力。

（五）情感态度

情感态度主要包括两个方面：一方面，对学生学习过程和学习效果具有影响的因素，如兴趣、动机、自信、意志和合作精神等；另一方面，学生在学习过程中逐渐形成的祖国意识和国际视野。在学习过程中，学生通常会受到各种情感因素的影响，如价值观、意志、理智、动机，教师的人格、态度、情感投入、教学风格等。因此，在英语教学过程中，教师有必要对学生的情感予以关注，帮助学生形成积极向上的情感态度。具体而言，教师应注意激发并强化学生的学习兴趣，同时引导学生逐渐将兴趣转化为稳定的学习动机，增强其自信心，锻炼其克服困难的意志，使其正确看待学习过程中的进步与不足，培养团队合作意识与创新精神，并形成良好的个人品格。

三、英语教学的核心价值

（一）基础语言技能培养

进行语言教育的一个主要的目的就是利用语言进行交际活动，因此，语言交际是语言教育所追求的和应该帮助学习者掌握的一个基本能力。这一点在《国家课程标准专辑：英语课程标准》之中有所阐述。所谓英语课程的学习就是指，学生在教师的帮助下，通过对英语相关知识的学习和将之运用到具体实践活动中来逐渐深入地掌握英语方面的相关知识和沟通技巧，进而提升实际运用语言知识的能力的过程。由此可见，英语教学中语言交际这一基本技能的真正实现是需要通过相关知识的传授和学习，以及针对交际技能不断进行训练来达成的，而具体知识的传授和学习及交际技能的训练是需要有步骤、有计划、有系统的英语学习和实践活动支持的。因此，重视英语语言技能的培养是当前环境中英语教学的一个基本特征。作为我国教育活动中一门重要的语言类学科，英语教学的一个基本内容正是针对语言技能的培养，这也是英语教学核心价值中不可或缺的一个组成部分。目前来看，对于语言技能培养的价值已经得到人们的重视，其已经被列入各级各类学校英语教学的基本教学目标之中。

（二）文化对话能力培养

语言和文化是相互联系的，语言不仅是文化的重要载体，而且从严格意义上来说其属于文化范畴，是文化的一部分。英语语言将英语文化中所具有的思维方式、价值观念及生活方式等均体现出来，而这些文化特性又在很大程度上制约和影响了语言意义的生成和语言修辞策略的选择。在具体的英语教学活动中，教学内容虽然全部都是和语言息息相关的知识，但是语言自身所具备的文化属性也使学生在学习英语语言知识的时候实际上也正在接受英语文化的熏陶和影响。也就是说，对于英语语言的学习过程实际上也是理解和掌握英语文化的过程，是英语文化被动传播的一个过程。从这一方面来看，英语教育正是文化教育的一种，其通过帮助学生进行语言学习来使其了解和掌握英语文化，这也是英语教学的一个重要任务。

四、英语教学中存在的问题

随着时代的进步和社会的不断发展，人们对于英语的价值和重要性的认识越来越清晰，而相关的专家学者针对英语教学所进行的研究和认知也在不断深入。在这一过程中我们发现，我国的英语教学在发展过程中依然面临着一些问题，英语教学要想顺利发展和改革，就必须解决这些问题。因此，在当前的教育改革中，应该将英语教学当作重点，要充分认识当前的教育环境和英语教学活动的开展现状，只有如此，才能够真正找到推动英语教学发展的措施，才能够真正找到符合英语教学发展的道路，才能够更好地开展英语教学活动。

近些年来，随着我国教育改革的不断深入和发展，英语教学质量和水平已经得到较为明显的改善，而且在实际的英语教学活动中也获得了良好的效果。随着信息技术的飞速发展，人们之间的联系和沟通越来越紧密和频繁，人们对于英语知识和技能的需求越来越大，当前的英语教学又面临着一些问题需要解决，具体而言，主要包括以下几个方面。

（一）学生水平参差不齐

我国人口众多，面积广阔，受各种条件影响，我国各个地区之间的经济发

展水平和教育水平都存在着一定的差距，尤其是在英语知识的教学和普及方面，差距和其他学科相比更为明显。从实际英语教学活动开展的现状来看，英语学习水平存在差异。具体来看，经济发展水平较高地区的学生英语水平较之经济欠发达地区学生英语水平高；城市学生英语水平普遍高于农村学生；家庭条件较为优越的学生英语水平较之家庭条件较差的学生高。由此来看，在具体的英语课堂教学活动中，尤其是在当前高校的英语教学中，可能会有同一专业或者同一班级的学生，因为家庭条件、地区因素等影响而存在英语水平差距较大的情况，甚至会存在有些学生在入学的时候对于英语基础应用就已经非常熟悉，但是有些学生却对此几乎一无所知的情况。这种实际情况的存在对英语教学工作提出了较大的挑战。

（二）教材内容陈旧

从当前我国英语教学活动的实际开展情况来看，一些学校选择和使用的英语教材内容比较陈旧，和英语教学的改革发展及社会环境的更新变化无法匹配。如今，随着时代的不断发展和科学信息技术的不断更新与进步，新的英语教学手段、技术、应用软件等层出不穷，而那些陈旧的教材内容已经不能满足当代学生对英语知识和英语技能的需求。在此种情况之下，教材知识落后于英语知识的更新速度和英语教学的发展水平，学生在英语课堂上掌握的知识没有办法真正应用到实际生活和工作当中，这样就会让学生感觉到学习英语对自己没有实际用处，进而失去学习英语的兴趣，英语应用技能自然会无法提升。在这种认知的影响下，学生被动地掌握英语知识，只是为了应付英语考试，缺乏主动学习的意识。

以高校英语教学活动为例，高校中的英语教学实际上是具有很强的实际应用性，由于高校中开设的专业较多，英语应用的侧重点也会有所不同。但是在实际的高校英语教学活动中，很多学校并没有充分认识到这一点，仍然是在统一的教学标准之下进行英语课程教学安排，而难以与学生的专业进行结合，使学生认为英语学习对自身的专业能力提升和专业学习并无帮助而忽视了对于英语知识的掌握。但实际上，当前的21世纪是一个信息化和数字化的时代，如今英语知识已经融入各个行业和人们的日常生活之中，学生对英语知识的掌握程度会反映到其专业领域，英语知识的掌握程度将直接影响学生对于专业知识的掌握和日后的发展。

（三）考试形式较为单一

在学校教育中，有一个非常重要的组成部分，就是考试。考试是一个重要的评估方式，考试的结果能够直接将教学的实际效果和学生对知识的掌握情况清楚地反映出来。从当前的英语考试形式来看，大部分学校仍然是通过纸质试卷进行笔试考核，此种方法虽然能够在一定程度上反映出学生对于知识的掌握情况，但是其反映出来的通常只是理论知识，是学生通过死记硬背就能够获得较好成绩的一种形式，而无法对学生的英语知识实践能力进行呈现。语言知识是具有很强的应用性的，学生学习英语知识，掌握英语技能，主要目的是利用英语进行无障碍的沟通和交流，所以在传统的试卷考试中存在一个很大的不足，即无法对学生知识应用能力水平进行考核，这也是"学生的英语知识掌握得虽然非常牢固，但是无法充分利用知识解决实际问题"这一现状存在的一个非常重要的原因，也导致英语教学的基础教学目标无法顺利实现。

（四）师资力量薄弱

从当前英语教学开展情况来看，师资队伍仍然是制约英语教学水平提升的一个重要因素。以高校英语教学为例，受到高校扩招的影响，当前学校学生的增长比例已经远远高于教师的增长比例，二者之间比例已经失衡，这就使教师的教学压力不断增加。在英语教师队伍之中，既具有非常丰富的专业知识，又具有较强的英语技能的教师的比例是相当低的。具体而言，专业的英语教师对于其他各个专业和领域的知识了解较少，无法将英语知识和具体的专业知识进行有效结合；而各个专业的教师又没有办法准确掌握较为先进的英语知识和技能，他们即使自身具备一定的英语知识和技能，往往也没有办法达到预期的教学目标。

（五）教学方式落后

在英语教学活动中，当前虽然很多学校都提出将英语教学的理论课和实践课进行有效结合的思想和看法，但是在真正的实践中往往会偏重于理论课，而实践课和模拟训练的比重通常较低，导致理论与实践失衡。在英语课程的理论教学当中，学生只能够通过教师的讲解和多媒体课件或板书进行英语知识的学习和掌握，不仅无法进行实际操作和应用，而且在一定程度上限制了学生的思维。这种重理论的教学课程仍然是以教师为主导的，而忽略了学生的主体地位，忽视了学生的个性化需求，对于学生自主学习能力的提升和英语技能的发展都非常不利。

（六）教材缺乏连贯性

教材在学生语言知识的输入中起着至关重要的作用。在很大程度上，教材

决定着教与学的效率。

新大纲要求教材适用于不同层次的教学工作。在英语教学中，各种各样的新教材在小学、中学、高校，甚至研究生院都要满足各自的教学需求。然而，不同层次的教材违反认知规律，缺乏衔接。一些教材系列打乱了难度的自然递增，造成了时间和精力的浪费，教科书表面上丰富的内容实则是肤浅的，使学生失去了学习兴趣。

（七）教师知识技能不足

大多数英语教师都有扎实的基础技能，但也有一些人的基础技能需要改进，一些英语教师的语音和口语影响初学者。教学态度影响学生的学习兴趣和学习动机，由于考试的压力，英语教师注重积累语言知识和教学方法的广泛性而非文化知识的广泛性。有些人没有意识到广博的知识不仅可以扩展学生的精神世界，也可以激发学生对知识的渴望。一些农村地区的教师缺乏现代教学理念和技能，单调的教学模式已经不能吸引学生。一些英语教师特别是农村地区的教师在学术和专业知识方面较为匮乏，他们的口语能力较差。

高校教师越来越重视培养学生的学术能力和科研能力，即使学生在教育学、教学理论、心理学、计算机操作及课件制作方面都有涉猎。此外，高校英语教师也大多数是英语语言专家，而他们对其他专业或英语相关学科知之甚少。因此，他们虽然可以很容易地传授语言知识和技能给学生，但他们不能提供更多有关课题详细的、系统的资料。因此，实现素质教育只是一句空话。即使是英语专业的教师也必须更新他们的语言结构和知识，否则就不能满足 21 世纪英语教学的需要。

第二节　计算机辅助英语教学的演变

一、多媒体技术辅助英语教学

在这个科学信息技术高速发展的今天，多媒体技术已经被充分应用到教学活动之中，而在英语教学中，多媒体技术也在发挥着其独特的作用。英语教师利用多媒体技术能够将自己所掌握的英语知识更加生动形象地呈现给学生，能够更好地激发学生对英语知识的兴趣，提升学生学习英语的积极性和主动性，进而提升英语教学的质量和水平。

（一）多媒体技术辅助教学的界定

所谓的多媒体辅助教学，主要是指教师将自己掌握的多媒体信息技术充分运用到实际教学活动之中，利用先进的技术资源，结合具体的教学目标、内容和学生，对相关课程进行详细的和更加具有针对性的规划与设计，选择更加适用的教学材料和形式以及更加多样的教学辅助资料，并通过恰当的教学手段和方法为学生营造一个良好的学习氛围和环境。多媒体技术辅助教学能够集声音、图像、视频、文字、动画等诸多信息呈现形式于一体，并且可以将这些形式通过一定的手段和方法进行转化，使之成为更加高效地帮助学生学习和记忆的资料。

（二）多媒体技术辅助英语教学的原则

英语教师在利用多媒体技术开展英语教学活动的过程中，必须遵循以下几项原则。

第一，主体性原则。不管是在何种教学活动之中，也不管是采取何种方式开展教学活动，学生都是教学和学习的主体，英语教学也不例外。因此，在多媒体技术辅助英语教学的过程中，教师要始终将学生放在主体地位，一切教学活动都要以学生为主，教师要认识到多媒体技术只是更好地开展教学活动的工具。课堂教学活动中的一切都应该是为学生提供服务和学习便利，因为在教学过程中学生才是主体，教师要帮助学生更好地进步和发展。

第二，针对性原则。在利用多媒体技术进行英语教学的时候，教师必须关注学生的年龄、性格、心理和生理等特点选择适当的多媒体技术，即使是采用同一种多媒体技术，也应该根据学生的具体特点采取不同的形式和教学手段。此外，教师在选择多媒体技术的时候还应该针对具体的教学内容进行细致分析，并结合学生的学习特点来选择恰当的多媒体技术，设计和制作针对性强的课件，进而更好地达到辅助教学的目的。

第三，适时原则。这就是教师在利用多媒体技术开展英语教学活动的时候，必须把握好最佳应用时机，如此才能够获得最佳效果。在课堂教学过程中，当学生处于一种学习欲望非常强烈，非常希望得到帮助的状态时，教师便可以充分利用多媒体技术对学生进行知识的传授，给予学生启发和点拨，帮助学生更好地掌握英语知识的重点和难点内容。

第四，交际原则。作为一门语言知识学科，英语具有很强的实践性，学习英语的过程实际上也是一个认知英语文化的过程，是一个互相帮助的过程。而要想顺利地完成这一过程，持续进行交流和沟通是非常必要的，也是不可缺少

的。英语课堂教学实际上就是教师和学生、学生和学生之间进行的一种交际行为，而多媒体技术能够为这种交际行为提供更加合适的环境和更多的交际时间。因此，英语教师在教学活动中应该充分利用多媒体技术，帮助学生克服自己的羞怯心理，帮助学生和其他人共同学习和交流，共同解决问题，进而收获更好的教学效果。

（三）多媒体技术辅助英语教学的优势

1. 激发学生的英语学习兴趣

兴趣是最好的教师，当学生对英语学习充满兴趣的时候，便会投入更多的时间和精力在英语学习上面，这样自然能够更好地掌握英语知识和技能。因此，英语教师在开展教学活动的时候可以充分利用多媒体技术中所包含的声音、图像、动画等手段，利用更多、更加直观的教学材料给予学生更加强烈的感官刺激，使之直接作用于学生的感官系统，进而充分激发学生的学习兴趣和积极性。英语课程本身是语言知识学习，所以在讲授相关知识的时候常常会比较乏味枯燥。但是通过多媒体技术，本来单调无味的信息和知识会变得有趣而生动，本来静止的文字和图片也会变得更加活泼并富有吸引力，本来比较抽象的学习内容也会变得更加形象和具体。如此一来，学生便会对英语学习更加感兴趣，学习效果自然会得到提升。

2. 营造良好的英语学习环境

作为一门应用性很强的语言教育学科，在教学活动中仅仅注重英语中知识点和语法的学习和讲授是远远不够的，其会直接导致学生在课堂以外不知道怎样开口说英语，进而形成通常所说的"哑巴英语"。基于传统英语教学中的这一现状，教师应该充分利用多媒体技术，为学生创建趋于真实的生活和交流场景，为学生营造真实的英语学习和互动环境，使学生能够在真实的语言环境和氛围中灵活运用自己所掌握的英语知识和交流词汇。此外，教师还可以利用多媒体技术对学生的实际生活场景进行模拟，并通过角色扮演、课堂讨论、实时的网络互动等多种手段呈现给学生，使学生能够更加轻松地掌握实用性强的交际语言。总而言之，英语是一种通用型的语言，学生通过各种手段和措施对其进行学习和掌握，最终目的就是具备这种跨文化的交流和沟通能力。

3. 发展学生的思维能力

在新课程改革的背景下，各科教师和教育工作者都开始注重对学生思维能力的培养，已经将学生发现问题、研究问题和解决问题这一思维的培养放在了十分突出的位置上,并且非常重视学生的探索精神和创新思维习惯等的培养。新课程标准提出学生的学习必须摆脱课程的束缚,要面向实际生活,走进实际生活,使全员共同参与其中,实现对传统教学的以教师为中心、以课堂为中心、以书本为中心的"三个超越"。新课程改革的不断进行和新课程标准的实施,在很大程度上依赖于教师对教材和其他相关知识内容进行的整合。在英语课堂教学活动中充分利用多媒体技术,可以帮助学生突破传统英语教学的封锁和束缚,使学生能够在一种开放生动、动态而又多元化的环境中进行学习。也就是说,多媒体技术应用于英语教学活动中,为学生提供了更加广阔的思维空间。以新课教学为例,在开展教学活动时,英语教师可以先利用多媒体信息技术将没有声音的影视片段等播放给学生,让学生在观看影视片段的时候充分发挥自己的思维去想象影视中的台词,然后将有声音的影视材料播放给学生,并且将相关文本资料同步进行展示,使学生的发散思维和形象思维进行有效结合,使英语教学活动摆脱课堂,走出书本的约束。而在自主探究活动中,教师可以利用多媒体技术为学生提供更加多样和更加丰富的内容和方法。如此一来,不仅能够充分培养学生的发散性思维,而且可以推动学生的个性化发展。更为重要的是,在英语教学中融入多媒体技术,还能够帮助学生形成更加严谨的求知态度和更加立体的思维方式,以及勇于质疑和批判的精神品质。

4. 提高学生的跨文化交际能力

随着互联网的诞生和发展,具有划时代意义的"网络文化"已经形成。中国正在走向世界,世界也在关注中国,中外文化交流达到了前所未有的水平。这一切使跨文化交际成为时代的突出特征,也成为当代英语教学的一个重要任务。那么,学生运用英语交际的成功与否,除了取决于其英语的应用能力外,在很大程度上还受制于其对英语国家文化的了解和认识的程度,即对对方的思维习惯、认知模式、文化背景、风俗习惯等方面的了解。英语教学是一门语言学科,当然离不开文化教学。在这一点上,传统的教学方式由于在方法和手段上较陈旧,技术水平有限,不能很好地支持学生跨文化交际的发展。而多媒体技术在英语课堂中的运用,不仅拓宽了学生的视野,增加了学生对异域文化背景的了解,丰富了他们对语言文化内涵的认识。而且多媒体课堂从立体的视听说的角度,从超越语言现象自身的角度,为学生提供了一个可行、得体、现实的学习环境。

二、网络辅助英语教学

（一）网络辅助英语教学的优势

1. 网络辅助使英语教学极具表现力

网络信息技术除了更新速度非常快之外，还有一个非常重要的特征，即具有极强的表现力。在英语教学中，教师可以利用网络信息技术将自己制作的课件、搜集的相关资料和电子书、微博、微信等充分整合，进而使英语教学活动更具活力，更加能够吸引学生的注意力。相对于传统英语教学活动来看，网络信息技术的应用打破了传统教学方式和教学理念的束缚，使更多更加具有表现力的现代化的元素充分融入教学课堂之中，使传统课堂中枯燥乏味的氛围发生了很大变化，学生在课堂中也能够进行多重感官体验。如此一来，学生学习英语的兴趣必然会得以提升，学习效果也会更好。

2. 网络辅助使英语知识信息量增大

网络信息技术的快速发展以及充分在英语教学活动中的应用，使英语知识的存储量大大增长，在网络信息技术的支持下，英语教师可以利用新媒体技术和手段更好地开展教学活动，学生在课后也能够充分利用网络学习工具和平台进行自主学习。例如，教师可以充分利用英文版的电子书、电子杂志、电子报纸等网络资源开阔学生的眼界，丰富学生的知识储备，进而更好地帮助学生了解英语文化，提升英语水平，以各种网络资源来弥补英语教材中存在的不足。此外，网络信息技术平台中具有的多样化、立体化且生动形象的英语知识信息也可以融入课堂教学当中，打破传统英语教材内容和形式方面的限制，丰富和扩充英语文化信息，此种方法也能帮助学生扩展知识面，提升教学质量和学习效果。

3. 网络辅助使英语教学多向互动

相对于传统英语教学形式来看，利用网络信息技术辅助英语教学能够更好地实现多向互动，能够使课堂教学更具活力。虽然一些网络信息技术辅助英语教学活动的时候和传统英语教学活动一样，也是单向传输知识的形式，但是其和传统英语教学形式的一个很大不同之处是，其是以多向互动作为前提和基础实现的，而且教师和学生可以通过网络学习平台随时进行交流和互动，使师生之间的沟通变得更加高效和便利。例如，英语教师可以开通微博账号让学生进行关注，学生在课后可以随时通过微博的评论或私信来咨询课堂学习中遇到的难题。此外，学生还可以通过微信、QQ等社交平台向英语教师寻求帮助，这种形式下的师生互动性更强。

（二）网络平台辅助英语教学的实现步骤

第一，学生可以充分利用网络平台的优势开展课前预习活动。在英语课程教学正式开始之前，教师可以将本部分的教学大纲和重点内容上传到网络平台上，学生以此为基础在线上完成对教学内容的自主预习。这样一来，教师便可以在开展教学活动的时候对课程内容的重点和难点进行说明和讲述，然后利用节省下来的时间有针对性地解决学生在预习中遇到的困难和问题，大大提升了师生之间的互动性，而且在很大程度上激发了学生学习英语的积极性和主动性，也锻炼了学生的英语思维能力和应用能力。

第二，学生可以充分利用网络平台进行英语知识和文化的学习与认知。如今随着网络信息技术的不断发展和更新，各种形式的网络平台不断涌现，而且很多平台都专门开设了具体的教育板块，如腾讯微课、网易云课堂等。基于这一技术条件，英语教师可以充分利用网络平台建构优质的虚拟课堂，而学生则可以直接登录进去，选择自己喜欢的课程和授课教师，点击进入相应的课堂之中即可进行线上自主学习。

第三，教师可以充分利用网络平台的便利性对学生进行知识巩固和检测。如今，很多网络学习平台都建立了实践和测试系统，其对于课堂教学内容的整合和教学质量的提升具有非常重要的作用。因此，英语教师应该充分掌握这种系统的应用技巧，充分发挥系统引导作用帮助学生进行教学内容的练习和巩固。具体来说，教师可以将知识练习和检测内容发布到平台上，要求学生在规定的时间之内完成并将结果上传系统。在这一过程之中，教师可以要求学生利用语音功能讲解自己的解题思路，教师通过平台进行实时的评价和引导，指出其出错的地方和应该重视的重点和难点内容。通过这种形式，学生的主体地位可以充分体现出来，学生也会对参与网络辅助教学越来越感兴趣，知识的巩固和复习也能够得到加强，进而推动学生学习成绩提升。

（三）利用网络平台辅助英语教学应注意的问题

1. 学生学习成绩的变化影响因素

从网络平台辅助英语教学的实践来看，虽然其对于学生英语成绩的提升有一定的帮助，但是仍需要注意，英语成绩的变化是受到多种因素影响的。一是会受到学生自身学习情况的影响；二是会受到学生所处环境和学习氛围的影

响。基于此种情况，教师在教学过程中必须对学生的个性和特征进行综合分析与评估，因材施教，利用恰当手段充分激发学生的学习积极性和主动性。此外，教师还应该充分利用网络辅助手段和学习平台，将线下教学和线上学习有效整合起来，使二者实现有机统一。

2. 网络资源和教师素质

教师和学生都需要特别注意，利用网络平台开展线上学习来辅助英语教学，并不等同于全面否定传统的课堂教学模式，网络平台辅助英语教学仅仅是传统课堂教学的一种手段和形式而已。我们应该认识到，作为一门重要的语言学科，英语知识和技能水平的提升是必须要在真实的语言环境中，以及在和教师的活动中才能够实现的。因此，英语教师不仅要提升自己线上教学的能力，线下教学的素质也应该不断提升，要推动二者共同发展。与此同时，英语教师还应该充分认识到网络技术在如今信息时代的重要性，要对其进行不断学习和研究，从而更好地利用网络平台辅助英语教学活动。

三、移动互联网技术辅助英语教学

（一）移动互联网技术辅助英语教学的优势

1. 内容多样化，互动性强

随着移动互联网技术的不断发展和智能手机的普及，在线学习已经逐渐从电脑端发展到手机移动端。鉴于此，英语教师可以在开展英语教学活动的时候充分利用移动互联网技术，如开发微信公众号来辅助自己的教学活动。在教学活动中，教师可以将自己的教学进度、课堂教学内容、相关资料以及具体的练习和测试题目等，以图片、文字、音频、视频等多种形式全部上传到公众号平台上。通过微信公众号，不仅可以将学习资料生动形象地呈现给学生，大大激发其学习英语的积极主动性，教师也可以通过聊天窗口与学生进行一对一或者一对多的互动与交流，通过后台管理系统进行作业检查和答疑解惑，真正实现师生之间的课堂与课后互动。此外，课本中较为难懂和抽象的内容也可以通过移动互联网技术转化为通俗易懂、形式多样的内容，降低了英语学习的难度和门槛，可以帮助学生更加轻松、更加深入地了解和掌握学习内容。

2. 打破时间的限制

在传统教学活动中，所有的教学课程都具有固定的上课时间，因此其具有非常明显的时效性，学生一旦错过上课时间，往往很难重新获得相关知识。而移动互联网技术打破了时间的限制，其利用信息技术将知识存储在虚拟空间之中，学生在需要的时候可以随时进行学习和使用，这不仅使学生的学习时间更加灵活，而且延长了学习的时长。具体来说，英语教师可以利用移动互联网技术进行学习资源的推送，可以在线给学生布置学习任务和作业，可以随时给学生安排课后自主学习内容，可以不定时检查学生的学习效果，掌握学生的学习进度，进而随时根据实际情况调整自己的教学方法。学生则可以在移动互联网技术的支持下，突破时间限制，将自己的碎片化时间充分利用起来开展学习活动，并且可以多次循环地使用平台上的学习资源。如此一来，知识的传输从课堂扩展到了课前，知识的吸收从课堂延伸到了课外，学生的学习时间得以延长，时间限制被打破。

3. 突破空间的局限

在传统教学活动中，教学资源是有限的，而且教学活动是需要具体的硬件设施进行支持的，所以传统教学模式都是在固定的场所（教室）开展，然后进行集中教学的。随着网络信息技术的发展，如今知识已经能够通过移动互联网技术和平台进行更加广泛的传播，打破了原来单一的教学空间。对于英语教师来说，办公室、家中甚至公园或者车上都是可以进行教学的场所。对于学生来说，家里、路上、校园中、宿舍里等也都成为其学习的地方。

4. 学习自主选择性强

在传统教学活动中，虽然教师也会根据班级中学生的学习情况对教学目标和任务以及教学手段等进行适当调整，但是由于班级人数比较多，无法顾及每一位学生，会存在部分学生学习滞后于教学进度的情况。而利用移动互联网技术，教师可以针对每一位学生的具体情况来制订学习计划，进而更好地满足学生的学习需求。学生也可以根据自己的实际情况选择适合自己的学习资源，随时随地进行学习。由此可见，移动互联网技术打破了传统英语教学中固定单一的模式，使学习自主权回到了学生手中，有利于培养学生的自主学习意识。

（二）移动互联网技术辅助英语教学的意义

1. 创建了互联网技术辅助教学新环境

传统教学活动都是在学校的教室之中开展的，学生学习活动受到很大制约。而移动互联网技术打破了这一固定和单一的空间限制，学生只要拥有一台可以上网的智能设备，便可以随时随地通过虚拟学习平台进行学习。例如，在微信平台上，教师和学生可以建立学习群，在里面共同探讨问题和研究学习内容，

师生也可以将自己发现的高质量学习资料进行上传共享。可见，在互联网技术的支持下，英语教学已经形成了课堂与平台相结合、线上和线下相融合的多元互动环境，有利于提升学生的自主学习能力，进而全面提升学生运用英语知识进行沟通和交际的能力。

2. 构建了英语多元化的教学模式

移动互联网技术在教育领域的应用有效促进了教学模式的多元化发展，微课、慕课、翻转课堂、直播课程、在线教学等便是移动互联网技术在教育领域的运用。此种多元化的教学模式信息传输量大，学习内容新颖，学习形式多样，符合学生的性格特点和生活习惯，课堂上的主要活动是教师引导学生一起探究、反思、讨论和合作，使学生在潜移默化中实现知识的内化。教师在传授知识的同时，又培养了学生自主学习的能力。

3. 创设了新型的英语移动学习方式

在传统学习方式中，课堂教学与教师面授是英语学习的主要方式，知识的产生与传播均以高成本的、有形的、笨重的纸质书籍为媒介。而在互联网时代，知识的产生和传播不再仅仅依靠纸质媒介，主要依托于共享开放的移动互联网，为学生提供丰富多样、可自由选择的学习资源，突破时间和空间的限制，降低了学习成本和时间成本。丰富可选的学习资源不仅锻炼了学生自主学习能力，而且培养了学生个性化的学习方式。

第三节　计算机辅助英语教学的策略和模式

一、计算机辅助英语教学策略

随着社会的进步和科学信息技术的不断发展，我国如今已经进入了教育大众化和互联网时代，随着智能手机的出现和大面积普及，我国已经成为世界第一的网民大国，我国的互联网用户已经达到了一个非常高的数量级别。很明显，如今人们的工作、生活和学习均已离不开网络，互联网已经进入了人们的日常生活和工作之中，并且正在发挥着越来越重要的作用。而具体到教学活动中，计算机技术的广泛应用为教学活动更好地开展提供了必要的支撑和条件。所谓的计算机辅助教学就是指利用计算机技术来帮助教师完成部分教学任务，帮助学生进行更加积极主动的学习活动。从当前的英语教学活动实际情况来看，教师充分利用计算机辅助教学活动的开展，不仅能够使教学效率得以提升，而且能够吸引学生的注意力，提升学生的学习效果。

（一）利用网络的课前准备

教师在开展正式的教学活动之前，学生在上课之前，通常都会有一个预习的过程，而在这一过程中，查阅资料是必须经历的一个步骤。在计算机技术尚未普及的时候，师生查阅资料通常都是较为困难的，而且受时间和技术的限制，往往查到的资料也是较为片面的。而随着计算机网络信息技术的普及和应用，师生查阅资料越来越方便。有学者对此进行过相关调查研究，发现很多学生认为利用互联网技术在网络平台上进行信息资料的检索和查询与传统的通过图书资料查询相比，能够节省更多的时间，而且检索的范围更广、内容更多。但是其也存在不足之处，由于网络资源数量太过庞杂，且质量难以保证，在面对众多资料的时候很多师生往往不知所措，无法找到关键信息，这样利用计算机信息技术进行课前预习甚至会适得其反。基于此，教师或学生在利用计算机技术进行课前预习和资料查阅的时候必须掌握适当的检索方法。目前来看，查询资料信息的网络技术手段主要包括搜索引擎、网络百科全书和期刊网查询等。在搜索引擎方面，人们习惯使用的有百度和谷歌两种，在中文网站中检索自己所需要的信息资料时通常使用百度，而在英文相关网站中检索文献信息时常常使用谷歌。在利用搜索引擎进行信息检索的时候，师生需要注意对于检索关键词的选择，用户输入关键词，网页会显示出与之相关的信息，而一般靠前的信息是较为可靠的。一般来说，通过关键词在搜索引擎中检索到的信息资源往往可以很好地满足教师和学生的需求。网络百科全书属于软件的范畴，一般在各个软件商店中可以获得，如微软大百科全书、大英百科全书，其涵盖内容通常范围十分广泛，而且专业性和精确度比较高，查找信息的时候也很方便。而利用期刊网检索信息通常是在学校范围内利用校园网进入相关数据库中进行检索和下载论文资料。

（二）利用网络的学习方法

在计算机信息技术的支持下，如今越来越多的教学活动应用多媒体课件来进行，这种课堂教学方式的变革也使学生的学习方式发生了很大改变。在计算机技术的支持下，学生可以随时随地利用网络进行英语学习，更好地提升自己的英语水平。从这一方面来看，教师和学生可以使用的计算机辅助技术包括网络教学系统和远程教育系统等。在如今的教学活动中，很多教师都会选择利用多媒体进行内容知识的讲授，但是有的教师往往把控不好课堂时间，导致学生

跟不上教师的教学进度，无法全面地将课堂知识通过笔记记下来，如此课后自然无法自主复习课堂知识点。而利用网络教学系统，教师可以把自己上课的教案和课件展示放进系统之中，这样学生便可以随时进入系统查看相关内容与知识点，以弥补课上遗漏的信息。此外，学生还可以在网络教学系统中和教师进行在线交流和互动，以更好地解决自己在英语学习中遇到的问题。通过网络教学系统，学生还可以对教师的教学活动进行在线评估。对于英语教师而言，其可以利用自己的空闲时间通过网络教学系统为学生进行答疑解惑，使"教学相长"得以实现。英语新闻报刊网站是师生进行英语学习、获取相关英语资料的非常重要的一个手段。例如，《中国日报》网站上便有"英语点津"相关模块，在此师生可以很方便地浏览英语新闻时事，可以获取英语音频等资料信息。远程教育作为当前一种十分重要的在线教育手段，其打破了传统教学活动中时间和空间的限制，使学生在网络平台上无限制地进行学习成为可能。在信息技术飞速发展的今天，远程教育网络越来越多，如"新东方在线教育"便为英语学习者提供了很多英语课程，而且其还会分享很多高质量的英语辅助学习资料，国外的"斯坦福英语在线"也是一个很好的英语学习网站。

二、计算机辅助英语教学的注意事项

计算机辅助教学是时代发展和信息网络技术更新的一个必然产物。在教学活动中应用互联网信息技术，虽然给教师和学生都带来了较大的便利，但是从当前的教学现状来看，计算机辅助英语教学也是存在不足的，它并不是一种接近完美的教学模式。因此，对其进行改进和完善是非常必要的。具体而言，就是将计算机辅助教学手段中不合理甚至错误的地方，将不符合我国教育实际情况的部分进行革新和完善。在计算机辅助教学的发展和推行过程中出现问题是在所难免的。例如，一些学校只注重硬件设备的引进，而不考虑学校的教育实际和师生的实际情况。鉴于此，我们应该认识到，所有的教育手段和方法在实际推广和应用中都必须以提升教学质量和教学效率为目的，要使学生获得更好的教育和学习环境。实际上，教学方法并不是只有一种，在提升教学质量和学习效果的时候可以将多种方法进行有效结合，优势互补，以更好地推动教学活动的开展。

（一）教师在教学中的作用不可替代

计算机辅助教学是当前英语教学活动顺利开展的重要条件和方法，但并不是唯一的方法。计算机信息技术应用于教学活动虽然有很大优势，但是在教学活动中是无法完全取代教师的作用和地位的。虽然现在的很多计算机教学软件和平台都一直强调学生的主体地位，但并不代表着让计算机取代教师。实际上，在教学活动中，教师的作用是无法替代的。在计算机辅助英语教学活动中，教师扮演的已经不仅仅是单纯的知识传授者的角色，更是扮演着学生学习的组织者和管理者的角色，需要掌握更多的计算机知识和教学方面的知识，以便更好地协调计算机技术和英语教学之间的关系，从而更好地激发学生学习英语的积极性和主动性。作为在英语教学活动中不可缺少的组成部分，教师还是英语教学改革的主要执行者。因此，学校必须注重培养英语教师的教学设计能力和教学研究能力，如此才能够在网络信息时代更好地利用计算机技术辅助开展英语教学活动。具体而言，英语教师应该注意提升自身以下两方面的能力：一方面是要明确具体的英语教学目标和任务，要能够对教学内容中的重点、难点和教学特点等进行具体的分析与整理；另一方面是要紧跟时代发展，要能够站在学生的角度思考和认识问题，充分融入学生之中，掌握更适合学生学习和发展的技能。在开展教学活动的过程中，明确教学目标可以帮助教师更好地利用自己设计出来的语言场景和环境，更顺利、更高效地构建英语知识学习体系，使学生可以在自己熟悉的环境当中进行更好的理解。由此可见，作为一名英语教师，掌握计算机信息技术和多媒体教学手段是非常重要的，能够帮助学生更加自主、更加高效地进行英语学习。

（二）遵循以学生为中心的原则

语言的学习一定是由学生自身多方面因素决定的，可能是自身的语言天赋，也可能是学生利用各种机会以及学习语言的方法。总之，学习语言和学生本身是密不可分的。教师在英语教学过程中应该始终坚持以学生为中心的原则，在课堂上充分调动学生学习英语的积极性，让学生产生学习英语的兴趣，并将之转化为学习动力，自主有效地进行课下学习。教师启发诱导学生运用英语进行日常交流，让学生自己创设语言环境，培养学生英语语言能力和使用英语交际的能力，鼓励学生自己思考，提出疑问，主动发现东西方文化的具体差异，让学生通过互联网了解更多英语语言环境特点。

三、计算机辅助英语教学模式

（一）微课模式应用于英语教学

1. 微课在课堂教学环节中的应用

作为一种较为新颖、实用的教学资源，微课在英语课堂教学中的应用是非

常广泛而且灵活的。英语教师既可以充分利用微课进行课程的重点和难点教学，也可以将微课作为课堂内容导入和课后复习内容扩充的重要载体。将微课应用于英语教学活动中，可以使本来较为抽象和枯燥乏味的英语教学活动变得更加生动和有趣，进而更好地吸引学生的注意力，使英语课堂教学活动达到更高的质量。例如，在开展新的英语课程教学时，英语教师可以在新课程导入这一环节中根据教学活动的主题设计一些有趣、新奇的问题提供给学生，并制作出趣味性强、对学生具有吸引力的微视频，以此帮助学生更好、更快地学习和掌握课堂内容的重点和难点，帮助学生树立起准确的学习目标。在课后复习中的内容扩充方面，英语教师可以提前将课后复习的相关练习和素材等整合起来并做成微课，然后在课堂活动结束的时候将之进行导入，吸引学生的兴趣，拓宽学生英语学习的空间，拓展英语教学的广度和深度。

2. 微课在学生自主学习环节中的应用

随着信息技术的发展和网络教育技术的广泛应用，微课这一教学模式越来越受到重视。传统的英语教学模式和方法受到微课的冲击，而学生在自主学习中也有了越来越多的选择。尤其是在智能手机得到普及的背景下，移动互联网时代已经到来，利用微课进行网络自主学习的空间越来越广阔，形式越来越多样，涵盖内容的范围越来越广阔，内涵越来越深入。在移动互联网技术的支持下，英语教师可以将自己的教学资源制作成微课并随时上传到网络上，使学生更加方便地随时随地进行在线学习。首先，与原来那种杂乱繁多的学习资料相比，微课中的英语知识更加生动、形象，学生更倾向于接受此种知识，而在具体知识的学习和掌握中也会更加有积极性，有利于学生自主学习热情的激发。其次，在教师将微课资源上传到相应的教学平台之后，学生便可以通过计算机或者手机的客户端随时进行自主学习，打破了传统教学模式时间和空间的限制，使学生随时随地学习得以实现。最后，英语教师通过科学设计和制作相关的微课资源，可以更好地确保教学资源的多样性和层次性，可以更好地满足学生个性化和差异化的学习需求，进而提升学生的英语水平和英语技能。

3. 微课在教师专业发展中的应用

将微课应用于英语教学活动中，不仅能够更好地保障学生的课堂学习质量，而且可以很好地提升学生课外自主学习的主动性和学习效率，也能够为教师的专业发展提供多样化、高质量的资源。在当今时代，社会环境和条件可谓瞬息万变，因此课堂教学知识的具体内容和教学理念的更新速度较快。而作为英语教师，要想开展高水平的教学活动，要想使课程知识跟得上时代和学生的发展，其自身就应该具有完善的知识结构和专业技能。因此，教师必须时刻注意对自己的素质进行提升，对知识和技能进行补充，这样才能在新的社会环境中更好地开展英语教学活动。而微课便可以帮助教师在自身专业发展中达到理想的效果。首先，英语教师开发微课资源、制作微课的过程实际上就是对自身知识和能力中存在的问题进行发现、分析、解决和完善的过程，所以通过微课设计与制作可以使英语教师的教学方案不断得到优化。其次，基于微课的教学功能和应用价值，英语教师必须不断提升自身的信息化教学素质，从视频的拍摄、剪辑，到微课资源上传到互联网并开展网络指导，再到微课教学资源的共享，都需要英语教师具备多种信息化素质和信息技术的整合能力。最后，英语教师还可以借助微课视频，开展有关英语教学的交流活动，开阔专业视野，增强自身英语教学的先进性。

（二）慕课模式应用于英语教学

在信息化背景下，受科学信息技术发展的影响，慕课已经逐渐被引入英语课堂教学之中，并且取得了较为显著的成就。在英语教学中充分利用慕课，不仅打破了传统英语教学活动中的很多局限和束缚，而且对英语教师提出了更高的要求，在一定程度上要求英语教师必须适应时代和科技的发展，重新对自己的角色进行定位，主动进行角色转变。此外，慕课还对英语教师的综合能力有了新的要求。

1. 打破了传统英语教学的模式

从当前的英语教学活动开展的现状来看，虽然在一定程度上可以说其已经较为广泛地应用了信息技术，如多媒体设备的使用和网络教学系统与平台的应用等。但不可否认的是，如今的英语教学活动仍然受到教材、时间和课程安排等众多因素的影响和制约，而且在教学活动中仍然是以被动教学，即教师讲、学生听的方式为主。虽然引入了信息技术，但是教学模式依然是换汤不换药，旧的模式仍然较为普遍，无法满足时代和环境对教学模式提出的与时俱进的要求。在传统的教学模式中，受到各种条件的影响和制约，学生的英语学习水平和英语技能存在一定的差异。而慕课的出现为应对英语教学活动中存在的上述种种问题提供了策略和方法。首先，慕课中的教学内容质量普遍比较高，能够很好地满足英语教学活动中的各种要求，能够充分弥补传统英语教学活动中的空白部分和不足之处，有利于对英语教学活动中的陈旧内容进行更新，进而更好地满足学生的实际需要。其次，和传统的英语课堂教学活动相比，慕课这种英语教学模式的应用更加灵活多样，能够为学生提供更多的学习英语知识的手段和措施,而且能够充分调动学生学习英语的积极性。最后,利用慕课这一模式开展英语教学活动是以网络作为教学平台,挣脱了传统课堂教学中时间和空间的束缚。此外,我们还需要注意一点,即利用慕课学习主要依靠学生自己的学习自主性,也就是说,学生在慕课之中能够掌握多少知识、习得多少技能,主要取决于他们学习英语的主观能动性。

2. 促进了英语教师课堂角色的转变

从传统的英语教学活动来看,在整个教学过程和环节中,一直都是教师处于主导地位,而贯穿教学全部环节的方式和手段也比较单一和陈旧,跟不上时代发展和知识更新的速度。而利用慕课资源开展英语教学活动的主要流程是学生先对课程内容进行自主预习和学习,然后找出自己遇到的难题,最后利用慕课资源顺利解决难题,这一过程对于教师和学生来说都在一定程度上节省了时间和精力。慕课将学生从传统的"填鸭式"教育慢慢引向自主学习的方向,在这个过程中教师不再是传统意义上的知识传授者,而是学生学习过程中的引导者和推动者。当然,想要更好地利用慕课资源进行英语学习,学生就必须掌握一定的网络信息技术,要养成课前预习的良好习惯。教师也要转变自己的教学理念,要培养学生合作学习的意识和习惯,让学生在教学活动中能够以小组的形式进行合作和讨论,自主解决其遇到的困难和问题,而在课后教师也应该主动利用慕课资源和网络信息技术引导学生自主学习,主动帮助学生解决问题。

3. 促进了学生学习英语主观能动性的发挥

将慕课模式应用到英语教学活动之中,还可以更好地激发学生学习英语的主观能动性。在利用慕课模式辅助英语教学的时候我们可以发现,学生学习英语的兴趣会有所提升,这是因为此时的教育资源更加人性化,也更加形象生动,学生可以按照自己的需求和兴趣自主选择所需资源,如此必然对学生具有更强的吸引力,进而提升学生学习英语的主动性和积极性,进一步提升学生学习英语的效率。此外,将慕课模式应用于英语教学活动中还能够全面提升学生"听、说、读、写、译"等方面的能力,能够提升学生钻研和探究英语知识的能力。

总而言之,慕课学习环节能够培养学生的自主学习能力,强化英语的学习过程,充分实现在信息化背景下的慕课在英语教学中的应用有积极意义。

第四节　计算机辅助英语翻译教学

一、翻译教学的意义

（一）有利于增加学生的文化背景知识

翻译活动并不是两种语言之间进行的单纯的相互转换的活动，在具体的翻译过程中，如果人们想要翻译出更高质量的内容和成果，就必须对具体语言国家的文化、习俗和人文等诸多知识具有充分的了解，进而以此为依托对文章和内容进行翻译。因此，在具体的英语翻译教学活动中，教师除了需要教授给学生具体的翻译知识和技巧之外，还需要将相应语言国家的文化风俗等内容讲述给学生，并且需要将外国文化和本国文化进行对比和分析，以此使学生充分了解两种语言之间存在的差异，进而更好地完成英语翻译教学任务。从这一角度上来看，英语翻译教学能够帮助学生提升对文化背景知识的认识。

（二）有利于提高学生的英汉语言修养

在具体的翻译实践中，翻译者不仅需要保证译文完整，而且需要准确地将相关语言的含义和内容展现出来，并且需要尽量确保译文和源语言在风格、手法、表述等方面保持一致。鉴于此，教师在开展英语翻译教学活动的时候，必须重视对学生英汉语言修养的培养和提升，使学生在翻译不同文体的语言的时候能够保留不同文体语言所具备的特色。例如，在翻译科普类读物的时候，译文应该尽量简洁明了，要避免出现难以理解的语言和文字，最终的译文应该能够给读者带来耳目一新的感受。因此，教师在开展英语翻译教学的时候，应该注意多给学生设置一些翻译训练和实践，如此才能够更好地培养和提升学生的英汉语言修养。

（三）有利于培养学生的跨文化交际能力

不管是什么形式的语言，其都会拥有属于自己的、特定的交际模式。因此，学生在学习英语翻译知识的时候，不仅需要对相应的基本知识进行熟悉和掌握，而且需要对英汉语言之中存在的文化差异有一定的了解，这是十分符合英语的交际模式的。在翻译知识学习和实际应用过程中，如果学生对于具体的交际模式没有足够的了解，或者根本不了解，那么即使其掌握了非常丰富的英语语言

基础理论知识，也是很难能够地道地对英语文章和内容进行翻译的，跨文化交际就很难实现顺利开展。基于此种情况，英语教师在开展英语翻译教学活动时，不仅要将具体的翻译理论知识充分传授给学生，而且要向学生分析和说明英汉交际模式中所具有的差异性，进而不断培养和提升学生的跨语言和跨文化交际能力。

（四）有利于满足社会对翻译人才的需求

随着全球化进程的不断加深和社会时代的不断发展，各行各业对英语人才的需求发生了很大的变化，这也导致英语翻译教学的要求、任务和目的发生一定的变化。近些年来，受到经济全球化进程的影响，国家之间的交流和互动越来越频繁，翻译的重要作用在跨文化和跨语言的交际活动中越来越凸显。翻译过程中的语言是否流利和准确，对于国家之间是否能够顺利进行交流和合作具有十分重要的意义。因此，在当今全球化时代，社会对于高素质、高水平翻译方面的人才的需求非常迫切。鉴于此种情况，在英语教学中开展翻译教学是符合社会发展和时代进步要求的，这样才能很好地满足社会对翻译人才的要求。

（五）有利于巩固和加强学生的综合语言能力

英语教学包括听、说、读、写、译五项技能，翻译是其中一项技能。由于翻译教学涉及两种语言间的转换，在这一过程中学生会不自觉地运用到之前学到的知识进行笔译或口译。在笔译中，通过对原文的语音、语法、表层含义以及深层含义进行分析，有利于巩固学生的语言、语法、词汇、语义等方面的知识学习。在口译中，通过与对方进行交际，在分析原文信息的前提下将译文表述出来，这就锻炼了学生的听力能力、口语能力和翻译能力。总体来说，翻译教学有利于巩固和加强学生的综合语言能力。

二、英语翻译教学中普遍存在的问题

随着时代的进步、社会经济的不断发展，以及全球化进程的不断加快与推进，各行各业对英语翻译方面人才的需求越来越大，而且这一需求缺口仍处于不断扩大的状态之中。从当前各种学校，尤其是各高校的英语翻译专业的设置与分布情况来看，虽然在数量上已经基本能够满足社会人才培养的需求，但是实际的培养效果和质量仍然不尽如人意，在具体英语翻译教学中仍然存在较多的实际问题需要解决。此处以高校英语翻译教学活动为例进行详细说明。

（一）翻译教学成效低

在各高校之中，虽然英语教学已经成为大一、大二教学活动中的必修课，但是单从翻译教学方面来看，这一专业课程的安排不够紧凑，导致具体的教学安排和教学任务很难高效率地完成。随着全面素质教育的开展和不断深入发展，各高校都开始注重推动学生全面发展，注重提升学生的综合素质，完善学生的人格塑造，在学习以外开展的各种类型的活动和竞赛等也越来越多。这种举措虽然在一定程度上能够推动学生的全面发展，但是从实际的开展现状和效果来看，这是占用了本来就较为有限的学习时间开展的，所以会对具体的教学和学习活动带来一定的不利影响。而且教师和学生受传统观念的影响，往往对于英语翻译不够重视，直接导致英语翻译教学时间大大缩水，再加上英语翻译要想获得较好的发展，就必须多多地进行交流、沟通、阅读和实践，而由于课余时间甚至一部分课堂时间被各种活动所占据，不仅使教师和学生之间无法进行充足的语言交流和沟通，学生自己也很难抽出课余时间进行专门的翻译练习和学习，如此一来必然导致英语翻译效果不好、质量不高。此外，受各种条件的影响，一些学生本来英语基础素质就比较差，而且自我约束能力也不强，没有自主学习的意识，导致英语翻译学习达不到较好的效果，成绩经常不理想，甚至由于长时间无法获得进步而放弃英语翻译的学习，这种情况也导致英语翻译的教学效果达不到理想目标，使英语翻译教学成效偏低的局面长期存在。

（二）英语翻译课程教学模式单一

从当前的英语翻译课程教学活动的开展现状来看，英语翻译教学模式较为单一，这个问题普遍存在于高校教学现状之中。当前受社会条件和环境的影响，各行各业对于翻译方面人才的需求是具有很大灵活性的，这要求翻译人员能够对自我进行主动调适，要能够高质量地完成各种各样的翻译任务和工作，这就要求学校在培养英语翻译方面的专业人才时要根据学生个体之间存在的差异性，有针对性地安排教学活动，以更好地满足学生的个性化需求，紧跟时代发展步伐，更好地满足社会发展对人才的需求。但是，当前各学校在开展英语翻译教学活动的时候基本上仍然以传统教学模式为主，教师仍然在整个课程教学活动中处于主导地位，在课堂教学中仍然是教师的单方面输出，学生仍然是被动地接受知识。时至今日，这种单纯灌输式、"填鸭式"的教学手段已经无法满足现代社会对人才的需求，其不仅忽视了学生自身的主观意愿，而且在很大程度上忽视了学生个人的发展需求，对于学生的全面发展非常不利。

从英语翻译这一角度上来看，英语翻译是一个需要学生进行深入学习，并

且需要学生起到主导作用的学科。要想获得高水平的翻译效果，学生就必须具有非常扎实的知识积累，需要通过不断的阅读和相关实践积累翻译经验，如此才能够将自己所掌握的知识充分运用到翻译活动之中，最终获得更好的翻译效果。基于此，学生在翻译教学活动中应该主动参与其中，主动冲破传统机械式、单纯灌输式的英语教学模式的束缚，变被动接受为主动学习，积极主动地认识和理解英语翻译方面的各种知识与内容，并主动同他人进行练习，主动和英语教师进行互动。当前的英语翻译教学模式导致学生只能机械地了解英语翻译方面的相关知识，学生只能被动地接受教师传授的翻译理论，这样长时间下来，就很容易导致学生缺乏英语翻译学习的兴趣，甚至产生学习惰性，对于学生翻译知识的掌握和翻译能力的提升都非常不利。

（三）翻译教材普遍较为单一

英语是一种外来语言，在我国发展的时间还比较短，缺少理论知识和实践经验的积累，这导致符合现代英语翻译教学的相关资料和教材普遍较少，且质量也无法令人真正满意。各高校在选择英语翻译专业的教材时范围比较狭窄，而且受传统教学和认知观念的影响，很多人对英语翻译的重视程度并不高，加上相关教材的更新换代速度跟不上时代的发展和社会的需求，这些都直接导致我国英语翻译教学活动，甚至整个与英语教学相关的高质量教材都较为缺乏。从当前的教材种类来看，数量众多的汉语教材和数量较少的英语教材，以及数量更加偏少的英语翻译教材形成一个非常鲜明的对比。从这一角度上来看，我国在英语教材方面以及具体的英语翻译专业的教材方面是存在较大缺失的，这一问题必须引起相关人员的重视，并且应该尽快去解决和弥补。我们应该认识到，如果一个国家的文化市场上关于英语翻译教学的教材数量变多了，更新频率增加了，这就在一定程度上代表着这个国家对英语翻译这一专业的重视程度与以前相比是有所提升的。当然，在这一过程中必须确保教材内容具有足够的趣味性，具有较强的准确性和权威性，内容要符合时代发展和人们的实际需求，这样才能够让学生真正体会到英语翻译的趣味性和多样性，进而提升英语翻译教学效果。

此外，由于英语翻译方面的教材较为缺乏，自然无法很好地满足不同层次学生的学习需求，这就导致学生在选择教材的时候，对教材的深度、广度，内容的针对性和可操作性等都很难进行准确的把握，这也是当前英语翻译教学相关教材选择困难的重要原因。因此，在制作和编写英语翻译教材的时候，我们还应该注重学生的个性化需求。

(四)翻译教学工作者的水平缺乏统一考量

作为一门重要的语言学科,英语翻译是具有非常高含金量的一门专业技术,而高水平的翻译能力不是一朝一夕就能够实现的,也不是单纯依靠简单的理论堆砌就能实现的,其是需要长时间的知识和实践经验不断积累的。对于从事英语翻译教学工作的教师来说,其不仅需要具备较高的专业翻译技能,而且需要具备较强的教学能力,应该可以从宏观方面对日常的英语翻译实践教学进行把控和安排,将英语翻译相关理论和英语翻译实践活动进行有效结合,以便从中找到更加符合学生学习规律和发展需求的翻译教学规律。此外,从事英语翻译教学的教师还应该具备一定的翻译实践经验,也就是说,从事这一教学工作的教师应该真正参与过翻译工作,只有这样,其才能够将英语翻译工作和实践经验进行有机融合,才能够将理论知识和实践活动进行结合,并从实践经验中提炼和总结理论知识,形成既符合实际发展需求又能够较为方便地进行理解的英语翻译课程教学活动,使学生能够主动地跟随教师进行学习活动,并主动将教师定位为自己发展的目标,以教师为榜样进行努力。但是从当前的实际情况来看,一些学校中从事英语翻译教学工作的教师是从学校毕业之后就直接进入教师行业的,缺少实践经验,只是单纯地将自己掌握的理论知识传授给学生,无法在将理论知识与实践活动进行有效结合的基础上展开论述,导致英语翻译教学活动枯燥且缺乏实践性。

三、计算机辅助翻译在英语翻译教学中的应用优势

(一)计算机辅助翻译辅助学生形成发现式学习方法

在传统的英语翻译教学活动中,通常都是以教师讲授为主,学生只是坐在讲台下面单纯地听教师的理论讲解,处于被动接受知识的状态,所以传统英语翻译教学模式下很少有学生具备发现式学习的能力。而如果将计算机辅助翻译技术应用于英语翻译教学活动中,将本来灌输的模式转变为一半时间教师讲解知识点,一半时间学生自主进行上机练习,这样往往能够达到更好的教学效果。如今已经进入信息时代,各种形式的计算机技术已经充分融入人们的生活、工作和学习之中,在英语翻译方面也不例外。而将计算机辅助翻译应用到英语翻译教学之中,可以使学生通过上机练习深入了解当前翻译实践中计算机辅助翻译的实际作用,进而掌握多种计算机辅助翻译软件的用法,了解更多的数据分析手段,学会通过相关检索手段在专门数据库或网站中获取自己所需要的数据

和信息。在整个学习过程中,学生应该是学习的主体,在学习内容、学习时间,以及学习方法和手段等方面应该具有较大的自主权,尤其是在计算机网络这种教学平台和虚拟的教学环境中,学生应该能够自由支配资源数据库,应该能够自主整合所需的信息知识,进而搭建出更加符合自己实际情况的知识框架。而教师主要负责辅助讲解,重点培养学生自主掌握新技能和独立进行思考的能力,进而帮助学生形成发现式学习方法。

(二)计算机辅助翻译辅助学生扩展知识结构

与传统单纯进行知识传授的英语翻译教学模式有所不同,计算机辅助翻译应用于英语翻译教学这一模式的最大特点就是自由式和交互式,其需要在多媒体教室、互联网和校园网等多个条件支持之下共同建构出来的教学环境中进行。一般来说,这种虚拟的教学环境可以将各种相关知识和教学资源更加生动直观而又形象地呈现在学生面前,使教学环境犹如游戏世界一般新奇有趣,使本来单调枯燥的知识资源以音频、视频、动画等各种学生更加感兴趣的形式活灵活现地呈现出来。学生则可以在这种虚拟的教学环境中自主利用计算机、多媒体及互联网技术等根据自己的需求和实际情况构建自己的学习平台,搭建符合自身需求的知识资源库,进而在教师的指导和讲解之下更好地完成学习任务,更好地扩展自己的知识结构。

(三)计算机辅助翻译对学生能力和品质的培养

受多种条件的影响,不同学生的能力会存在差异,个性之间也存在明显的不同,所以如果单靠教师自己的认知和了解去制定学习任务和目标,往往无法顾及每一个学生。而将计算机辅助翻译应用于翻译教学活动之中,可以帮助学生更好地实现学习个体化和个性化。计算机辅助翻译教学可以帮助学生及时且有效地收到相关的信息反馈,进而发现自身在英语翻译学习中存在不足,学生自觉地去分析产生不足的原因,以及分析不同的翻译手段如何更加合理地进行运用和改进等。这样学生的自主分析能力和处理实际问题的能力都可以得到培养和提升。例如,在传统的英语翻译教学中,很多学生都感到翻译时词义表达不够准确、语感不够流畅,而通过计算机辅助翻译的应用,教师和学生可以共同合作,将具体的语言环境再现出来,使学生之间进行互相鼓励和互相帮助,从而培养他们合作的能力,推动他们共同进步。

四、计算机辅助翻译在翻译教学中的应用建议

（一）设备和资金的投入

将计算机辅助翻译有效地应用到英语翻译教学活动中，首先需要解决的一个问题就是相关设备和资金的投入。因此，政府相关部门和学校主管部门应该注重多媒体教室的建设，注重多媒体教学设备的投放和安装，以期为英语翻译教师充分利用计算机辅助翻译开展教学活动提供必要的硬件保障和条件支持。从当前的教学改革和发展情况来看，这些设备的投入和建设是非常必要的，教学效果往往能够很快得以显现。与此同时，学校还应该注意购买和硬件设备配套的相关软件，帮助教师和学生在虚拟的网络教学环境中建设学习平台，拓展知识架构。

（二）翻译与教学培训机构合作

随着全球化进程的不断加快，各国之间的联系越来越紧密，交流越来越频繁，翻译技能越来越受到重视，翻译业务也不断得到延伸和扩展，越来越多的翻译教学机构和专门的翻译公司不断出现。具体来看，那些翻译公司主要是为翻译机构提供专门的翻译软件、翻译教学资料及计算机辅助翻译技术等，而翻译教学机构通常对翻译公司没有具体的反馈。鉴于此种现实情况，为了使翻译工作能够更好地发展，翻译教学机构应该主动和专门的翻译公司进行合作，共同培养翻译专业的人才，进而实现合作和共赢。在合作过程中，翻译教学机构可以将相应的翻译软件的使用效果反馈给翻译公司，翻译公司则可以为翻译教学机构提供更高质量的技术和软件支持，并可以为其提供更加充足的后备人才资源。如此翻译教学机构便可以集中力量创新教学模式，翻译公司也能够获得更多的经济效益。

（三）细致深入地分析翻译市场

国内对翻译市场的调查较为缺乏，导致翻译教学缺少应有的重视度和市场敏感度，所以我们必须对翻译教学开展细致深入的调查。从事翻译教学的教师和研究者需要花费足够的时间和精力关注国际上先进的翻译教学信息和计算机辅助翻译技术，找到适合我国国情的翻译教学模式。计算机辅助翻译在翻译教学中的应用是传统翻译教学理念和现代计算机辅助翻译教学理念的有机结合，也是教育体制改革的必然结果。广大翻译教学工作者要积极地改变观念，努力提升自己的文化底蕴和知识素养，掌握现代化的教学手段，逐步培养兴趣，将计算机辅助翻译教学的理论和实践相结合，推动计算机辅助翻译教学的发展。

计算机辅助教学理论与实践研究

第五节 计算机辅助英语阅读教学

一、英语阅读教学概述

(一)阅读前的准备

1. 清除障碍

通过英语阅读活动,学生能够在比较短的时间之内认识和了解到相关阅读材料的大概信息和意义,能够更好地将相关话题的背景知识激发出来,帮助学生更加快速地进入阅读材料的角色之中,充分激发学生阅读英语材料的兴趣和积极性,为学生更进一步的阅读和理解奠定良好的基础。

在实际的英语阅读教学中,词汇对于很多学生来说都是一个很大的障碍,会影响到学生英语阅读的速度,甚至会打击学生学习英语的自信心,使其学习英语的兴趣下降。鉴于此,在实际英语教学中,教师必须采取合理举措帮助学生跨过词汇障碍,帮助其进行有针对性的预习,这对提升学生的英语阅读水平和英语学习能力是非常重要的。具体来说,英语教师可以通过设置对话情景、向学生展示图片或者讲述与主题相关的故事等方法来帮助学生更高效率地进行课前预习,增加英语课堂教学的容量,帮助学生更好地进行阅读。

在具体的英语阅读教学活动中,英语教师可以事前给学生布置预习题目,设定通过预习所要达成的目标,加快课堂教学的节奏,进而帮助学生更好地学习和掌握词汇,培养和提升学生自主学习的能力,使学生能够在有限的时间中获得最大的学习效益,如此教师也能够顺利且高效率地完成课堂教学任务。

2. 了解背景

在真正开展英语阅读教学活动以前,英语教师应该为学生准备与课堂主题相关的学习资料,帮助学生更好地开展课前预习活动。例如,教师可以在课前将和具体课程教学相关的内容以各种形式呈现给学生,充分激发学生的阅读和学习兴趣。事实上,在任何一门语言教学和学习的过程中,教师向学生介绍与之相关的社会文化背景等内容,以及这门语言承载着的文化内涵等都是十分必要的。通过此种方法,学生不仅能够对将要阅读和学习的内容产生更加深入的理解和认识,而且能够有效提升学生的阅读兴趣,激发学生的主观能动性。

3. 预测情节

根据相关线索对故事情节进行有针对性的预测,不仅可以更好地帮助学生巩固已经掌握的知识,培养学生的逻辑推理能力,而且能够帮助学生更加准确地把握材料内容的主旨,更加高效和顺利地完成阅读任务和学习任务。因此,在具体的英语阅读教学活动中,英语教师可以在课前指导学生根据文章题目和关键词,或者根据教师给学生设置的一些线索,使学生通过合作或者自主思考的方式来大胆地预测故事的情节和走向,进而激发学生的好奇心和兴趣,调动学生的学习积极性。如此一来,教师放手让学生自主预测和探索文章内容的走向,不管最终的预测结果是否正确,对于学生理解和认识文章的内容都是非常有帮助的。此外,教师通过指导学生根据文章关键词对文章内容进行预测,可以充分激发学生的想象力和发散思维,对于提升学生的阅读能力也有很大的帮助。

(二)阅读时的工作

1. 整篇阅读

在进行英语阅读教学的过程中,教师应该教会学生先从整体上对整篇文章进行总体把握和阅读,认识清楚文章的主干,对文章有一个总体的印象和大概的理解,而不用着急去研究文章的具体细节。整篇阅读的具体操作即限定学生的阅读时间,让学生在规定的时间之内完成对文章的快速阅读和浏览,了解文章的大概含义。具体来说,这一阅读过程应该分为以下几个步骤。

第一,要紧紧抓住文章的题目。在要求学生阅读课文内容时,教师应该注意提醒学生关注课文的题目,因为一般来说,对于一篇文章而言,题目往往就是其具体内容的一个高度概括,学生通过深入理解文章题目,往往就能够明白和了解文章的大概含义。

第二,应该注意理解文章的主旨句。在英语阅读过程中,很多内容实际上就是对文章主旨句进行的扩展和阐述。一般来说,一篇文章的主旨句往往位于首段或者最后一段,其通常能够概括分析整篇文章的主要含义。学生在阅读活动中通过了解和把握主旨句,常常能够迅速找到有效信息帮助自己进行阅读和理解,进而提升自己的阅读速度和效果。

2. 细节阅读

在英语阅读教学活动中,在学生大概了解和明白整篇文章内容的大致意思之后,教师便可以引导学生对文章进行更进一步、更加细化的阅读和理解。通过引导学生更加深入细化地理解文章内容和细节,转变传统的以教师为主体的

教学模式，进一步提升学生的阅读和学习主动性，使学生能够围绕文章的主旨句和在理解文章题目的基础之上进行深入阅读。在细节阅读活动中，英语教师还可以对学生进行合理分组，让学生养成相互交流与合作、互帮互助的习惯，使学生能够通过自主探索或者合作交流找出文章的细节重点以及需要记住和理解的词汇和句子，并主动对相关语法进行分析。通过此种手段和方法，教师可以更清楚地了解学生遇到的问题，进而更加具有针对性地对文章知识点进行讲解，促使学生更好地理解文章内容。

3. 重复阅读

英语教师在课堂上需要做的另一项工作是引导学生对课文进行重复阅读，使学生从文章的主旨句出发，从整体上把握文章的脉络，让学生更系统地理解文章。如果仅仅是对文章的结构进行梳理，不利于对学生阅读能力的培养。在重复阅读这个阶段，教师应该引导学生对文章信息进行整理和总结，了解文章的内涵，并且能够举一反三地运用到实际生活中。

二、英语阅读教学面临的问题

（一）英语阅读教学方法陈旧，教学模式落后

受传统英语阅读教学理念的影响，一些英语教师在开展阅读教学活动的时候只注重阅读时的语言形式，故英语阅读课堂教学常常以知识传授为主。此种英语阅读教学主要就是指学生通过视觉感官接收文字符号传达出来的信息，然后在自己的大脑中对接收的词汇信息和语法知识等进行解码，从词汇或者句子的字面上理解其所包含的意义。在这一过程中，学生进行的阅读只是一种比较被动的、机械化的认知过程，是一种比较片面甚至会歪曲文章意义的教学过程。在这种阅读教学过程中，学生很容易对文章内容和材料意义产生曲解，甚至出现只了解语法和词汇而忽视文章的内容思想、语言艺术和写作风格等情况。学生在阅读学习中的重点全都放在了对字词句的认识和理解上面，忽视了对文章总体意义和内涵的把握与认知，往往是学生虽然在课堂上面听懂了教师讲解和传授的知识，但是无法真正读懂文章。这样的英语阅读教学培养的只是学生认识和理解词汇、语法结构等方面的能力，并不能培养出学生真正的阅读能力。此外，这种教学方法使学生养成逐字逐句进行阅读的习惯，会影响阅读速度，学生的阅读能力和水平也无法得到真正的提升。

（二）学生缺乏学习自主性

影响英语阅读教学质量，导致其效果较差的原因，除了教师方面的因素之外，学生的学习能动性比较差也是一个不容忽视的重要因素。在英语阅读教学活动中，很多学生缺乏学习自主性，只会在课堂上根据教师的教学手段和教学思路进行学习和思考，对于教师布置的作业和学习任务也只是按部就班地完成，缺乏自己的认识，对于教师没有提出的问题，往往不能够根据自己的实际情况进行具体问题具体分析。例如，影响学生有效阅读的主要障碍就是掌握词汇量的多少，在实际英语阅读活动中，一部分学生的英语词汇量较少，但是其并没有真正认识到自身所存在的不足之处，在课后也不会主动去掌握教材之外对自己有所帮助的词汇。除此之外，在英语教学活动中，还有一些学生不注重正确阅读技巧和手段的培养，往往在刚刚拿到材料之后就快速进行通篇阅读，一旦遇到生僻词汇就卡在那里进行反复琢磨和理解，不懂得抓住主旨句和材料的关键词，致使阅读的速度比较慢，而且阅读质量也不高。

（三）学生英语阅读技巧欠缺，阅读习惯不良

首先，从当前的英语阅读教学来看，很多学生在阅读时具有很大的盲目性。在具体的英语阅读实践中，一些学生无法充分认识到自己的阅读任务和目的，很多学生在拿到阅读材料之后，都是直接从第一个单词开始进行全文阅读，对文章的题目和文章后面提出的问题直接忽略，有的学生甚至连文章中出现的标题也选择性忽视。其次，英语阅读中片段性比较明显。很多学生在进行英语阅读的时候，是以英语单词作为阅读单位开展阅读行为的，而不是将语句作为阅读单位。这种阅读方法导致学生在遇到不认识的单词时第一反应就是去查字典进行意思标注，直接导致学生对一句话中的每一个单词的含义都能够理解清楚，但是无法理解整句话的含义。这种片段性的、错误的阅读手段导致学生缺乏阅读环节中本应该具备的独立思考和解决问题的能力，以及根据句意联系上下文对词汇含义进行推测的能力，而且浪费阅读时间。最后，阅读具有明显的反复性。在实际英语阅读教学中，很多学生在对整篇文章阅读完毕之后，常常在遇到问题的时候继续回顾前文，对已经阅读过的内容反复多次地进行重新阅读，以求完整记忆和认识每个句子甚至每个单词的意思。这种阅读方式不仅使学生无法真正理解文章内容的真正主题和含义，而且会影响学生的阅读速度。

此外，在英语阅读教学中，由于学生缺少真正有效的阅读技巧，所以很容易产生不良的阅读习惯，如指字阅读、在心中进行默读以及心译等，这些不良阅读习惯对于学生的阅读语言和思维能力的培养和提升都非常不利。还有一些

学生在英语阅读实践中，对于一些成分和结构比较复杂的句子存在理解上的困难。之所以会出现这种情况，主要是因为学生无法准确地理解和分析句子的结构，语法方面的知识比较缺乏，需要进一步加强。学生在阅读材料的时候，往往无法快速找到句子的主干，导致注意力始终停留在少数的几个单词上面。学生从整篇文章中获取的信息比较少，自然很难正确理解整篇文章的含义。

（四）以教师讲解为主，学生缺乏互动

从当前的英语阅读教学活动开展情况来看，其仍然是以传统单一的知识传授模式为主，一节英语阅读课，教师讲授时间通常会占到一半以上，即使有一些和学生的互动，一般也只是简单的问答形式，基本上没有真正意义上的师生互动或者真正以学生为中心的教学活动。在英语阅读教学活动中，学生缺乏自主性，一直处于被动学习的状态中，长此以往受这种被动学习状态的影响，学生自然很难养成自主学习的行为和习惯，不能够进行积极主动思考，无法真正提升自己的语言应用能力。此外，教师在传授学生知识的时候以讲解的方式进行，这种做法直接导致教学内容以知识传授为主，学生缺少自主性，致使学生对英语阅读的学习产生倦怠情绪，甚至一部分学生会逐渐失去学习英语的兴趣，对其未来发展和全面素质的提升非常不利。

（五）重精读，轻泛读

所谓精读，就是对文章内容进行细读；所谓泛读，主要指的是通过广泛阅读来培养英语语感。二者都是非常重要的。但是如今的实际情况是，很多英语阅读教学课程要么精读和泛读不做区分，要么就是只重视精读而忽视泛读。这样直接导致学生的基本阅读能力和水平无法得到真正提升。过分重视精读的这种方式，会导致学生在阅读英语文章的时候只重视个别细节或者对词汇含义的理解与掌握，而忽视了对整篇文章整体结构的认知和把握，学生在遇到生僻词汇的时候往往会直接卡在那里，不懂得从整体上对文章主旨进行把握，而且阅读速度也非常缓慢。从当前的英语阅读课程开设情况来看，很多学校甚至直接取消英语泛读课程，这种举措直接导致学生阅读面非常狭窄，掌握的英语方面的文化知识偏少，阅读量严重不足。而英语阅读作为英语整体教学活动中的主要信息和知识输入手段，其对于学生其他方面的英语能力的提升具有非常重要的作用和影响。如果没有知识信息的输入，那么输出自然就无从谈及。因此，要想学好英语就必须具备高水平的阅读能力。如果缺乏足够的阅读量，学生的英语知识面便会变得比较狭窄，对于英语文化背景知识也会认识不足，如此必然影响学生对于英语文章的阅读效果。尤其是对于那些具有特定历史背景和典

故,或者一些专门数据和俗语等的阅读,如果了解不深或者缺乏了解,那么自然无法完全并且准确地理解文章的内容和作者的意图。

三、计算机辅助英语阅读教学的模式创新

随着信息技术和时代的不断发展,计算机技术被不断应用于英语阅读教学和学习活动之中。在建构主义视角之下,要想构建出来比较理想的学习环境,至少需要注意以下四个属性,即情境、协商、会话和意义建构。而计算机信息技术在这四个方面都可以和英语阅读教学形成契合点。因此,从这一方面来看,建构主义重点强调的各种学习情境实际上在计算机技术的辅助之下都能够比较容易地得以实现。例如,从协商和会话这两个属性来看,计算机信息技术的应用可以充分确保其合理建构。此外,计算机信息技术还能够为教师和学生提供交互式的学习环境,使学生能够在图文、声像并茂的学习环境和界面之中开展英语阅读学习,也能够通过超文本链接等手段向学生和教师组织和提供更多方面、更多形式的教学信息和相关知识,进而帮助教师更好地开展英语阅读教学活动,帮助学生更加深刻地理解和认识学习内容中呈现出来的事物的性质和规律,更好地进行学习。由此可见,计算机信息技术所具备的优势和特点能够很好地满足建构主义中理想学习环境的建设,能够更好地培养学生主动发现和探索知识内容的能力,能够提升他们认识和把握客观事物的规律和内在联系的能力,进而更好地帮助学生建立起新知识和旧知识以及相关概念之间的联系。从这一角度上分析可知,计算机辅助英语教学的真正意义是其他很多教学辅助手段所无法企及的。从更加具体的方面来看,现代计算机信息技术在英语阅读教学活动中最常见的应用方式就是网络计算机辅助教学。

在计算机辅助英语阅读教学活动中,英语教师可以充分利用网络上海量的信息资源和媒介,丰富课堂教学内容,从而开展更高质量的英语阅读课堂教学活动。在计算机信息技术的支持下,英语教师可以充分利用视频、文字、图片、动画、音频等诸多形式的教学素材,针对不同认知水平、不同认知特点和不同学习习惯的学生开展个性化、差异化的英语阅读课堂教学活动,进而更好地激发学生的学习兴趣和学习潜能,更好地帮助学生完成规律性、宽范围的知识建构。将计算机信息技术充分应用于英语阅读教学活动当中,教师还可以根据具体的教学进程变化合理调整教学任务和教学计划,选择更具有针对性的教学内容,通过多媒体等信息技术给学生进行演示和讲解。此外,英语教师还可以通过课件设计中的自定义动画等辅助功能安排设计英语阅读材料的呈现方式,如

逐行呈现或者逐段呈现等，还可以根据学生的阅读速度和理解能力控制幻灯片的切换速度。具体而言，应用计算机辅助英语阅读教学时主要从以下几个方面进行。

（一）阅读前活动

在真正开展英语阅读教学活动之前，英语教师可以利用计算机技术将与课程主题相关的视频剪辑出来并播放给学生，并且在学生观看完成之后，根据视频中所呈现出来的主要内容进行相关提问。这种比较直观的信息接收方式能够帮助学生进行知识图式优化，进而帮助学生更好地理解和认识英语阅读课程中文章资料的主题和意义。

（二）阅读中活动

在开展英语阅读教学活动时，英语教师一定要留给学生足够的阅读时间，让学生能够顺利完成指定幻灯片中的阅读内容和阅读任务。在这一过程之中，英语教师必须合理设置幻灯片的自动切换时间，如此能够帮助学生更好地控制阅读时间，进而提升学生的英语阅读速度和效率。此外，合理设置幻灯片自动切换时间也能够为教师判断阅读材料的难度是否适中提供依据和标准。如果幻灯片自动切换之后仍然有很多学生无法完成英语阅读任务，就可认为阅读材料的难度偏大，这个时候教师就可以考虑重新调整幻灯片自动切换的时间间隔，并以此为依据，合理设置下一次英语阅读教学的难度。

（三）阅读后活动

在学生全部完成英语阅读任务之后，教师可以充分利用计算机信息技术，并结合阅读前活动中学生讨论的问题安排再次的讨论活动，以两次活动为依托来比较学生在没有文字资料参考和有文字资料参考的情况下，其语言表述和思路梳理等方面的差异，然后根据学生的学习情况针对阅读材料中出现的比较容易混淆和容易认识偏差的词汇、语法等问题进行讲解和梳理，最后让学生以小组合作的形式对阅读内容的知识点进行逐个分析和讨论，以更好地完成英语阅读教学任务。

从上述几个方面来看，计算机技术辅助英语阅读教学具有十分突出的优势，具体来说，主要包括以下三种。一是将计算机技术应用于英语阅读教学活动之中可以帮助教师拓宽教学渠道，帮助教师打破单一教材的约束。教师能够利用计算机信息技术自由检索和应用与阅读教学相关的资料和文献，并且能够使教学内容的时效性得到非常明显的提升。二是计算机信息技术应用于英语阅读教学之中能够推动师生主体地位回归。利用开放的计算机网络平台，英语教师和学生能够随时随地地进行互动和交流，打破了时间和空间的限制。三是新型的计算机交互教学模式有助于学生自主学习能力的培养。学习时空界限的打破对于学生之间的相互交流和自主信息获取，都是非常有意义的。

参考文献

[1] 项国雄. 计算机辅助教学原理与课件设计 [M]. 成都：电子科技大学出版社，1997.

[2] 吴有林. 计算机辅助教学技术 [M]. 北京：清华大学出版社，2006.

[3] 徐冰. 关于传统教学方式的一点思考 [J]. 陶瓷研究与职业教育，2009（4）：58-59.

[4] 李淑梅. CAI 课件的开发分析 [J]. 网络财富，2009（5）：116-117.

[5] 韩洁. 基于"互联网+"的计算机网络课程教学改革探索 [J]. 科教文汇，2020（10）：93-94.

[6] 段红玉，陈炎龙. 计算机网络课程教学改革实践分析 [J]. 计算机产品与流通，2020（10）：103.

[7] 李爱娟. 建构主义学习理论在课件开发中的指导作用 [J]. 教学与管理，2007（33）：68-69.

[8] 沈子雷. 基于 WEB 的计算机课程辅助教学系统的设计与实现 [J]. 计算机产品与流通，2020（5）：208.

[9] 赵丹. 多媒体课件评价标准研究 [J]. 科教导刊，2018（36）：38-39.

[10] 郭杨，徐佳. 浅析 CAI 课件的开发与应用 [J]. 价值工程，2016（27）：225-226.

[11] 陈璟，李洁坤. 计算机辅助教学的发展现状及趋势分析 [J]. 通讯世界，2015（16）：232-233.

[12] 王欣玉. 关于计算机辅助教学课件选题的探讨 [J]. 中国职工教育，2013（14）：151.

[13] 骆国锋. 计算机辅助教学发展过程中存在的主要问题及发展趋势 [J]. 科技资讯，2011（19）：218.

[14] 李晓亮，王泽贤. 高校计算机辅助教学模式探索 [J]. 才智，2011（14）：258.

[15] 冯莉颖. 新形势下多媒体计算机辅助教学模式探讨 [J]. 剑南文学，2012（12）：304.

[16] 周小燕. 计算机辅助教学模式应用研究 [J]. 焦作大学学报，2009（1）：108-109.

[17] 王竹. 多媒体 CAI 系统的研究与实践 [D]. 长春：吉林大学，2007.

[18] 赵晓云. 教学课件开发系统的研究 [D]. 天津：天津工业大学，2003.

[19] 曾晓燕. 基于 Web 多媒体 CAI 课件的设计与应用 [D]. 成都：电子科技大学，2010.

[20] 余轶. 个性化计算机辅助教学系统的设计与实现 [D]. 成都：电子科技大学，2013.

[21] 金涛. 计算机辅助教学发展历史和趋势研究 [D]. 呼和浩特：内蒙古师范大学，2009.